HUE, DADA !

DU MÊME AUTEUR

Dans la même collection :

Laissez tomber la fille.
Les souris ont la peau tendre.
Mes hommages à la donzelle.
Du plomb dans les tripes.
Des dragées sans baptême.
Des clientes pour la morgue.
Descendez-le à la prochaine.
Passez-moi la Joconde.
Sérénade pour une souris défu
Rue des Macchabées.
Bas les pattes.
Deuil express.
J'ai bien l'honneur de vous bu
C'est mort et ça ne sait pas.
Messieurs les hommes.
Du mouron à se faire.
Le fil à couper le beurre.
Fais gaffe à tes os.
A tue... et à toi.
Ça tourne au vinaigre.
Les doigts dans le nez.
Au suivant de ces messieurs.
Des gueules d'enterrement.
Les anges se font plumer.
La tombola des voyous.
J'ai peur des mouches.
Le secret de Polichinelle.
Tu vas trinquer, San-Antonio.
En long, en large et en travers
La vérité en salade.
Prenez-en de la graine.
On t'enverra du monde.
San-Antonio met le paquet.
Tout le plaisir est pour moi.
Du sirop pour les guêpes.
Du brut pour les brutes.
J'suis comme ça.
San-Antonio renvoie la balle.
Berceuse pour Bérurier.
Ne mangez pas la consigne.
La fin des haricots.
Y'a bon, San-Antonio.
De « A » jusqu'à « Z ».
San-Antonio chez les Mac.
Fleur de nave vinaigrette.
Ménage tes méninges.
Le loup habillé en grand-mère.
San-Antonio chez les « gones
San-Antonio polka.
En peignant la girafe.
Le coup du père François.
Du poulet au menu.
Le gala des emplumés.
Votez Bérurier.
Bérurier au sérail.
La rate au court-bouillon.
Vas-y Béru !
Tango chinetoque.
Salut, mon pope !
Mange et tais-toi.
Faut être logique.
Y'a de l'action !
Béru contre San-Antonio.
L'archipel des Malotrus.
Zéro pour la question.
Bravo, docteur Béru.
Viva Bertaga.
Un éléphant, ça trompe.
Faut-il vous l'envelopper ?
En avant la moujik.
Ma langue au Chah.
Ça mange pas de pain.
N'en jetez plus !
Moi, vous me connaissez ?
Emballage cadeau.
Appelez-moi chérie.
T'es beau, tu sais !
Ça ne s'invente pas !
J'ai essayé : on peut !
Un os dans la noce.
Les prédictions de Nostrabérus.
Mets ton doigt où j'ai mon doigt.
Si, signore.
Maman, les petits bateaux.
La vie privée de Walter Klozett.
Dis bonjour à la dame.
Certaines l'aiment chauve.
Concerto pour porte-jarretelles.
Sucette boulevard.
Remets ton slip, gondolier.
Chérie, passe-moi tes microbes !
Une banane dans l'oreille.

Hors série :
L'Histoire de France.
Le standinge.
Béru et ces dames.
Les vacances de Bérurier.
Béru-Béru.
La sexualité.
Les Con.
Si « Queue-d'âne » m'était conté.

Œuvres complètes :
Dix-sept tomes déjà parus.

SAN-ANTONIO

HUE, DADA !

ROMAN

ÉDITIONS FLEUVE NOIR
69, Bd Saint-Marcel - PARIS-XIIIe

ISBN 2-265-00542-8

A Jean Dumur
Cette ballade irlandaise
En toute amitié

San-A.

CHAPITRE PREMIER

Alors voilà, ça commence comme ça...

Un feu de tourbe brûlait doucement dans la cheminée, répandant une odeur douceâtre de terre morte et de parfum éventé.

Je regardais danser les flammes, me disant qu'elles n'avaient pas la couleur de celles qui jaillissent de nos bûches françaises. Ni la même ardeur. Il s'agissait d'un feu patient, lent et sûr, qu'on devait retrouver dans ses cendres, le lendemain matin, après qu'on eût soufflé dessus.

Le salon était vieillot mais confortable, et les hôteliers téméraires confiaient à l'honnêteté du client, et pour son agrément, de vieilles porcelaines, des objets de vitrine, des toiles dites « de maîtres ». Les meubles anciens brillaient dans des pénombres ouatées. Sur le secrétaire, près du sous-main de cuir râpé, un encrier contenait de l'encre noire, un peu bourbeuse dans le fond des doubles godets ; ses deux petites fourches de cuivre supportaient de vrais porte-plume, armés de minuscules baïonnettes, pareils à ceux dont usaient nos grands-parents, et sans doute dataient-ils de la même époque heureuse.

Les grandes baies du salon donnaient sur un univers plus que maussade, composé d'immeubles de briques sales séparés par des cours jonchées de détritus. Les toits bas de Dublin s'étendaient sous un ciel de suie que traversaient des mouettes criardes. Seuls, leurs étranges glapissements les différenciaient des papiers souillés soufflés par le vent de printemps. L'ensemble, quand on le contemplait un bon moment, finissait par sembler beau et tragique.

Je rêvassais, dérivant dans un bien-être vaporeux... Dès que je m'éloignais de la cheminée, le froid de la pièce me lançait un ultimatum et je devais revenir auprès de l'âtre bordé de cuivre pour sentir la vivifiante chaleur de cette espèce de fausse terre qui brûlait sans bruit, sans crépitement.

Bérurier sortit de sa chambre. Nous jouissions d'une suite de trois pièces, le salon séparant nos deux bed-rooms. Mon compagnon était en chemise de jour, mais comme il dormait avec, celle-ci consentait, exceptionnellement, à devenir de nuit. Cet homme valeureux paraissait aussi démobilisé que possible et ressemblait à la vue merdante qu'on avait depuis la baie. Il évoquait irrésistiblement un monceau de détritus avariés. Ses yeux faisaient songer à deux cerises confites dans deux pots de yaourt-vanille. Bien que le rouge et le jaune fussent les couleurs de l'ardente Espagne, consacrées à un regard, elles se hâtaient de se renier. Il vint à moi, d'une marche dandinante, avec ses bourrelets, ses poils et cicatrices. Malgré sa forte densité, Bérurier donnait l'impression d'être devenu le souvenir de Bérurier, rien d'autre qu'une vague évocation déambulatoire. Rarement je lui avais trouvé visage plus défait. Sa couperose ne subsistait que par un treillage serré de veines presque noires sous une peau grise. Il était devenu un cauchemar photographié par un polaroïd détraqué.

— Eh ben, ma vache, dis-je, tu es drôlement surexposé !

Il franchit la distance le séparant de la cheminée, offrit son énorme fessier au feu de tourbe, releva le pan arrière de sa chemise et tira sur le foyer un pet brutal qui coucha les flammes avant de les stimuler.

— J'ai envie de gerber, parvint à articuler Alexandre-Benoît.

— Eh bien, va !

— J'ai déjà.

— Alors ?

Il chancelait intérieurement et extérieurement. Le stade de la gueule de bois se trouvait loin derrière lui.

Il amorça une phrase inaudible et qu'il ne put achever. J'attendis. Le pousser aurait eu des conséquences graves pour le tapis. Il se reprit. Vaguement revigoré par la chaleur, il parvint à demander :

— Comment t'est-ce on dit « eau minérale » en irlandais ?

L'étonnement de ma vie s'inscrivit en caractères géants et de néon dans ma mémoire. BÉRURIER VEUT BOIRE DE L'EAU !

C'était la première fois. Je l'avais souvent vu ivre-mort. Je l'avais même réconforté certains lendemains nauséeux, mais par des thérapeutiques empiriques. De l'eau ? Jamais ! Et voilà qu'à cet instant, il en réclamait ! Lui !

— A quelle heure es-tu rentré ?

Ses lèvres s'écartèrent. Il cloaqua du clapoir, remonta sa langue qui se dévidait sur son plastron, puis eut une mimique évasive.

— Tu ne t'en souviens plus ?

Le « N » du mot non se dessina à travers sa salive mousseuse, comme celui du mot Napoléon sur un fronton d'édifice public obscurci par les ans.

— Quand je t'ai laissé dans ce pub, tu venais de provoquer en combat singulier un vieux buveur de

Guiness qui faisait alterner les verres de whiskey et les pintes de bière.

Il eut un branlement de chef incertain.

— Ça te revient ?

— La bière, oui, elle m'est revenue, exhala Bérurier dans un souffle (fétide). J'ai la brûle...

— J'aimerais savoir, par curiosité, combien de pintes et de whiskey tu as éclusés ?

— Qu' c' t' veux qu' j' t' d'se ? M' rappelle s'l'ment plus d' c' pube. Alors, t' veux t'léph'ner pou' d' l'eau minérale ? J' croye bien qu' j' sus m'lade... La grippe...

Il se sauva en courant vers sa salle de bains qui, heureusement pour moi, lui était particulière.

Comme je m'approchais du téléphone pour satisfaire à ses désirs aqueux, l'appareil se mit à bourdonner, comme un chat ronronne en voyant s'avancer la main qui va le caresser.

Je décrochai et une voix de femme, des plus harmonieuses, me demanda si j'étais le client de la suite 604. Elle s'exprimait en anglais, mais comment lui en tenir rigueur puisque nous nous trouvions à Dublin ? J'usai du même patois pour lui répondre qu'effectivement.

— Je suis navré, me dit alors ma correspondante, c'est moi qui occupais cet appartement avant vous. Je l'ai quitté hier matin et je crains d'y avoir oublié certains effets personnels ; me permettez-vous de monter les récupérer ?

Je lui répondis que je n'avais rien trouvé en emménageant, mais que cela ne devait pas l'empêcher de venir se livrer à une inspection de son ancien territoire. Elle me remercia brièvement et m'annonça son arrivée immédiate.

Je passai vivement dans ma salle d'eau afin de me recoiffer et eau-de-toiletter, tout en priant le Seigneur pour que ce que cette personne avait oublié ne se trouvât pas dans l'appartement de Bérurier, les échos de sa Guiness'party m'arrivant par salves outrancières.

On sonna peu après. Je renouai la ceinture de ma robe de chambre bleu nuit et m'en fus ouvrir à la femme la plus ravissante qui eût jamais foulé le sol irlandais.

CHAPITRE II

La femme la plus ravissante qui eût jamais foulé le sol irlandais...

J'ai passé une bonne partie de mon existence à te décrire de ravissantes donzelles, espérant vaguement, non pas ranimer tes ardeurs — tu n'en eus jamais de véritables —, mais au moins stimuler la concupiscence de tous, bande de demeurés révulsants, froussards et bandeurs mous, dont les vies sont les plaies de ma vie de gueux. Qu'à force de me traîner parmi, je suis comme le ver de terre mort sur un parking ! Et tu sais pourquoi les parkings asphaltés sont pleins de vers de terre clamsés, dis, bourrique ignarde ? C'est parce que, par temps humide, le ver de terre s'y hasarde. Et alors, tu sais quoi ? A ramper sur du goudron, il paume cette substance visqueuse qui fait son charme et cesse de pouvoir ramper. Il meurt sur place, le malheureux. Moi, à vous ramper dessus, je déshydrate du mental. Ma lubrifiante substance fout le camp. Si au moins tu m'aimais, je consentirais. Mais la vérité, c'est que tu m' hais, en douce. Je vois bien, dès les premières paroles, ce goût de fiel qu'a ton miel, emmielleur !

Et donc, tant et tant je t'ai décrit de filles hautement roulées, éclaboussantes pour l'œil, aguicheuses ô combien ! Tant et tant de pineupes salaces, d'altières égéries, de putes à grand spectacle, d'Ophélies en chamade, de vestales vicieuses, d'amazones névrosées, de gourgandines voraces, toutes brûlantes, bandeuses, aspirantes et refoulantes, équilibristes de pafs, preneuses de mâles, lécheuses d'un-peu-partout, belles et frénétiques à prendre pied à cheval et en voiture ! Tant j'ai fresqué la dame et ses atours, pourtours, alentours, que je pourrais peiner du pinceau. Écœurer d'à force que c'est beaucoup ! Eh bien non, Français, franc seize ; l'artiste est nullement fatigué. Il imperturbe. Persiste et cygne.

Et puis te décrire quoi ? La beauté du Mont-Blanc dans le soleil bleu de l'été ? Tu bâillerais ! Des jeux d'enfants dans un square ? Tu bâillerais ! Les haies où les ronces du printemps se chargent de fleurs ? Tu bâillerais ! La mer quand elle va se marier aux horizons houleux avec un ciel plus tourmenté qu'elle ? Tu bâillerais ! Te décrire le chien qui passe, la buée tremblante du matin, des vers de terre engagés sur l'esplanade mortelle d'un parking ? Tu bâillerais ! Car tout te fait bâiller, de la bouche et du rectum, des yeux et des narines, du cœur et de l'âme. Tu es un bâilleur de fond ; de fond en comble. Par contre, quand il s'agit d'une souris, tu veux bien. T'acceptes qu'on te raconte son beau cul bien ferme et pommelé, ses nichebroques agressifs, sa chatte frisée, sa bouche sensuelle. Surtout ne pas oublier les lèvres pulpeuses, et humides ! Ah, merde, oublille pas l'humidification, jamais ! Ça primorde pour toi. L'individu, sa vie est avant tout sécrétive. Le ver de terre, je te dis ! Ils sont aussi visqueux l'un que l'autre, sauf que l'homme, lui, c'est de l'intérieur.

Elle était là, cette jeune femme, adorablement irlandaise, d'un châtain-roux que tu ne trouves que là-bas, la peau pâle, marquée de taches de son ; coiffée tiré : queue de cheval, raie *in the middle, you see?* les yeux d'une bleueur extrême, et un rose à lèvres très peu prononcé ; elle était là, qui attendait, sérieuse, un peu ennuyée. Elle portait un pantalon corail foncé, un pull ras-le-cou vert. A son poignet gauche un gros bracelet d'or auquel étaient fixés des trèfles à trois feuilles (emblème de l'Irlande, avec la harpe) en jade sertie d'or. Son élégance sobre, sa beauté saine s'alliaient pour composer, comme l'eût écrit Mme de Rabutin-Chantal : le plus charmant des tableaux. Poum !

Elle me regarda, beau comme trente-six dieux dans ma robe de chambre bleu nuit, le regard velouté par les langueurs matinales, la joue encore luisante d'after-chauve et la denture kif du riz « Oncle Ben » cuit à point. Elle me regarda, n'hésité-je pas à répéter, et elle rougit. Elle s'était attendue à autre-quelqu'un, bien sûr. Imaginait un diplomate cacochyme. Un financier embonpoint, que sais-je... Et quoi ? Elle voyait se dresser devant elle un garçon comme je t'en souhaite chaque soir dans ton plumard, ma gosse. Bioutifoul de partout, ardent de la tête aux pieds. Si sans aucun doute spirituel qu'elle n'osait pas prendre l'initiative de la parole. Je le fis. Me présentai dans une inclinaison du torse, la conjurai de donnez-vous donc la peine d'entrer, miss.

— Navrée de vous importuner, murmura la ravissante venue.

Alors, l'Antonio, tu te rappelles comment il hésite peu à plonger ?

— Une personne comme vous ne saurait importuner un homme digne de ce nom, miss.

Et re-poum ! Mets ça dans ta poche, chérie, c'est l'immortelle France qui vient de te causer par ma voix (en anglais voice).

Son rougissement s'accentua.

— Ce que vous pensez avoir oublié dans cet appartement est-il menu, miss ? S'agit-il d'un bijou ?

Elle te me rougit de plus belle.

— Heu, non, monsieur. C'est plus... heu... personnel.

Les anglophones, tu remarqueras, qu'ils soient ricains, rosbifs, irlandoches ou australiens, éprouvent le besoin de foutre des « Heu » dans chacune de leurs phrases, et parfois même d'en mettre plusieurs, comme si les mots leur manquaient.

— En ce cas, miss, galantai-je, je vous laisse chercher seule.

— C'est-à-dire que... heu... je sais où cela se trouve.

— Je le déplore, car votre visite s'en trouvera hélas écourtée. Mais reprenez votre bien, je vous prie.

— Cela ne vous ennuie pas que j'aille dans la chambre ?

Je frémis à l'idée que ce pouvait être dans celle de l'Ignoble.

— Faites, de grâce.

Ouf ! Elle se dirigea vers la mienne. Je m'abstins de la suivre, mais un astucieux jeu de glaces me permit d'observer ses faits et gestes. La jeune fille (ou femme, tiens, j'avais oublié de visionner ses menines) alla directement aux doubles rideaux aveuglant la baie de ma crèche. Elle les fit coulisser et se baissa pour ramasser sur le radiateur le plus fabuleux slip rose agrémenté de blanche dentelle qu'un adepte de la lubricité puisse rêver. Cet adorable accessoire avait pour compagnon de séchage un soutien-gorge en harmonie parfaite. Ma prédécesseur roula serré culotte et soutien-chose, de manière à pouvoir évacuer discrètement ceux-ci et revint dans le salon.

Gentleman jusqu'au bout du sexe, je feignis de n'avoir rien vu.

— Avez-vous obtenu satisfaction, miss ?

— Oui, oui, c'est très bien..., heu... je vous remercie encore.

Tu parles que je n'allais pas la laisser calter ainsi.

— Je suis ravi d'apprendre que vous logiez ici avant moi, attaqué-je, je vais trouver désormais davantage de charme à cet appartement qui en possédait déjà beaucoup. Vous êtes irlandaise ?

— D'origine, mais mon père a émigré aux États-Unis.

— Si bien que vous êtes américaine ?

— Oui.

— Moi, je ne suis que français...

Ma déclaration la fit sourire.

— C'est un très beau peuple, le peuple français, me complimenta-t-elle.

Je la remerciai chaleureusement, tout en lui faisant observer que depuis Louis XIV, il n'était plus tout à fait ce qu'il était. Voire simplement depuis quatorze-dixhuit.

Selon moi, le nouveau Molière était en retard au rendez-vous, on avait beau appeler Colbert, il faisait la sourde oreille, quant au père Clemenceau-1978 il avait envoyé un mot pour dire qu'on commence sans lui.

Je parlai d'abondance, histoire de la maintenir à portée. Puis lui proposai de s'asseoir. Elle me répondit qu'elle était pressée et ne pouvait. Mais je poussai habilement une chaise contre la pliure postérieure de ses genoux, ce qui l'amena dans une posture de demi-croix gammée propice à l'asseyage.

Elle tenait toujours ses adorables dessous dans sa main crispée. Je la trouvai de plus en plus belle.

— Vous avez quitté l'hôtel depuis hier et vous

séjournez toujours à Dublin, fis-je observer, dois-je en conclure que le *Gresham* vous déplaît ?

— Oh non, ce n'est pas cela. J'ai loué une voiture pour visiter l'Irlande. Cette nuit j'ai dormi... heu... à Wicklow, dans l'est ; au moment de repartir, ce matin, je me suis aperçue que le moteur faisait un drôle de bruit. Un garagiste m'a assurée qu'il y avait une grave avarie au... heu... carburateur. Alors j'ai rebroussé chemin pour venir changer d'auto. Et comme j'avais oublié certains... heu... effets...

— Oubli bienheureux, panne de rêve, puisqu'ils m'ont valu de vous connaître.

Qu'aurais-je pu lui déballer de plus direct, je te vous demande ?

— Vous prendrez bien un thé avec moi ?

— Oh non !

Je décrochai le bigophone.

— Deux thés et une bouteille de champagne, demandai-je au room-service.

Là-dessus, apparition saugrenue de Bérurier, toujours en limouille.

— Técolle, merci bien pour l'eau minérale, fulmina l'Infâme. H'reus'ment que j' m'aye arrangé autrement...

Il se tut en découvrant ma visiteuse.

— Oh, pardon, t'as d' la visite ?

— A la niche ! fis-je en désignant sa chambre.

Mon Saint-Bernard se replia sans barguigner dans ses appartements. Sa venue avait rompu le charme. La belle Américaine paraissait surprise de trouver ce plantigrade obscène dans mon environnement.

— Mon chauffeur, éludai-je.

Il y eut un silence. Je ne trouvais plus rien à lui dire ; je n'avais plus qu'une seule idée : lui faire ! Elle s'en gaffa, grâce à ce flair qu'ont les femelles dans ces circonstances-là, comme quoi nous devons décréter quéque chose qui fouette. Elle tenta de me désamorcer.

— Vous êtes en Irlande pour affaires ?

— En quelque sorte, oui, dis-je.

Elle fit mine d'attendre de plus amples explications. Et pourquoi ne lui en aurais-je pas fourni ?

— Je dirige un service de police privée, à Paris, et je suis chargé de retrouver quelqu'un...

CHAPITRE III

Je suis chargé de retrouver quelqu'un...

Je fumais un Davidoff, ce matin-là, bien que ce soit le matin, en guise de petit déjeuner précisément, quand cette salope de Claudette m'informa, par l'interphone, qu'un monsieur désirait m'entretenir.

A peine venais-je la prier d'introduire le visiteur que le petit écran vidéo placé sur mon burlingue s'éclaira et que le Vieux s'y montra, dans un halo laiteux, et me dit :

— Ouvrez l'œil, San-Antonio, le type qui va rentrer est certes détective privé aux U.S.A., mais il travaille exclusivement pour le compte de la Mafia.

Comme ça, sec et net ! Et l'écran redevint ce qu'il était un instant plus tôt, c'est-à-dire un simple petit rectangle de verre bombé.

Là-dessus, la môme Claudette fit entrer dans mon antre un grand gaillard blond, à tronche de para hollandais dont le regard vert était aussi chaleureux qu'une poignée de main entre Mosché Dayan et Fehrat Abbas.

Le gus portait un costar bleu très clair, une chemise vert très sombre et une cravate blanche ornée d'une traînée de Tomatoketchup qui ressemblait, de ce fait, à ce qu'on trouve dans les sachets de papier que les grands hôtels soucieux de leurs tuyauteries proposent à leurs clientes.

— Hello ! me dit-il compendieusement en laissant choir dans un fauteuil cent soixante-dix livres de bidoche *made in U.S.A.*

Il me consentit un bout de sourire avec quatre centimètres de sa bouche.

— Mon nom est Ted Thomson, fit-il.

Il ponctua en lançant sur mon bureau une carte de visite imprimée à Hong-Kong sur du carton en pâte de bambou, ce qui fait particulièrement distingué lorsqu'on a la chance inouise d'être américain.

— Vous êtes le fameux Ted Thomson, de l'Agence de détective Thomson, 123 Thomson Street, N Y ? demandé-je sans regarder la carte, ce qui épata agréablement mon interlocuteur.

— Juste, me répondit-il en m'accordant deux centimètres supplémentaires de sourire fourbi à l'émail-diamant.

— Qu'est-ce qui me vaut l'honneur d'une aussi illustre visite, cher confrère ?

Il opina à vide, comme s'il voulait vérifier la parfaite flexibilité de ses vertèbres cervicales. Puis il extirpa une mâchouillée de gum de sa bouche, la tint un moment en équilibre à la pointe de son index et eut l'amabilité de la plaquer sous le rebord de mon bureau.

— Besoin de vous, dit-il.

— Vraiment ?

— Yé ! Je suis à la recherche d'un bougre venu se planquer en Europe et je n'arrive pas à mettre la main dessus !

— Qu'est-ce qui vous donne à penser que j'aurais davantage de succès que vous ?

— Je connais votre réputation, San-Antonio.

Flatteur, hein ? Je le remerciai d'un court salut

d'acrobate venant de descendre le long de sa corde, les jambes à l'équerre. Il prononçait magnifiquement San-Antonio. Faut dire qu'ils ont donné mon nom à une ville du Texas, là-bas, ces cons. Comme quoi ils nous prennent tout, ne nous laissant que le communisme.

— Et puis, ajouta Thomson, je suis un peu voyant pour l'Europe.

Qu'il s'en rendît compte dénotait un tempérament objectif. J'aime les hommes capables de faire leur autocritique avec simplicité. Ce type me plaisait. Je le devinais énergique et obstiné. Il devait choisir très vite lorsqu'il avait une décision à prendre et se tenir à son choix.

Moi, tu me connais ? j'adore jouer cartes sur table.

— Le bruit court que vous travaillez pour la Maf, Ted ? lui dis-je avec un sourire capable de désarmer la flotte soviétique au cours de ses grandes manœuvres dans la Baltique et sur le Léman...

Il ne sourcilla pas.

— Exact, San-Antonio. Ces messieurs me font l'honneur de m'employer à plein temps. Une précision cependant : je ne suis ni leur porte-flingue ni leur tueur à gages ; et je tiens à la nuance. Je gratte pour eux comme pour un client ordinaire. La différence est qu'ils me paient mieux. Vous comprenez ça ?

— Bien sûr. Donc, vous êtes aux trousses d'un quidam qu'ils souhaiteraient retrouver ?

— Oui, mais ce n'est pas n'importe quel quidam, puisqu'il s'agit de Vernon O'Bannon. Ça vous dit quelque chose ?

— O'Bannon, n'est-ce pas un vieux forban enrichi dans la drogue ?

— Bravo. La Maf et lui ont eu des patins ces derniers temps et O'Bannon a pris la tangente. Cela fait trois mois qu'il a disparu sans laisser de traces...

— Vous ne pensez pas qu'il aurait pu se planquer dans l'Hudson River, roulé dans du grillage, avec une gueuse de cinquante kilos aux pattes ?

Mon visiteur sourit.

— Si la Maf lui avait joué ce vilain tour, elle ne me proposerait pas cinq cent mille dollars pour le retrouver !

L'énormité de la somme me coupa le sifflet.

Et puis je me dis qu'après tout le gars Ted me bourrait peut-être le mou et que, de toute manière, je me tamponnais le coquillard de ses revenus, n'étant point d'un naturel jalmince.

Il retint un rot poli, en vaporisa la charge alentour et je sus qu'il avait mangé de la saucisse frite à son breakfast.

— Qu'est-ce qui vous donne à croire que O'Bannon s'est réfugié en Europe, Ted ?

— Le fait qu'il était irlandais de naissance et que, peu de temps après sa disparition, sa fille soit partie pour le vieux continent, me répondit cet homme de bien. Et puis se planquer où, dans son cas ? En Amérique du Sud ? Il ne nous aurait pas fallu trois semaines pour le retrouver. En Afrique idem. Il n'a de chances d'échapper à nos recherches qu'en se planquant dans un coin où il passe inaperçu. Or, San-Antonio, vous le savez très bien : on ne passe inaperçu qu'au milieu de ses semblables. O'Bannon est un sacré rouquin d'Irlandais, avec la gueule pleine de taches de rousseur et du poil de goret partout, y compris sur les mains. Je viens d'arpenter l'Irlande, mais sans succès, à filer sa môme, dans l'espoir que la petite me conduirait à lui. Mais j'ai l'impression qu'elle n'en sait pas plus que nous et qu'elle le cherche, elle aussi.

Il avait passé une jambe sur l'accoudoir de son fauteuil et la balançait fortement, à m'en flanquer le tournis. De temps en temps, la pointe de sa godasse venait frapper le dessous de mon bureau, ébranlant celui-ci.

Ces heurts me cassaient les claouis et j'avais envie de le lui dire. Thomson fouilla ses poches intérieures et en sortit une photo qu'il me jeta, comme il m'avait jeté sa superbe carte en canne à pêche compressée.

— Voici le gars.

Je tournai l'image à l'endroit et me trouvai face à face avec un bonhomme pas commode qui me jetait un regard de défi. La photo étant en couleurs, je pus mesurer le combien il était rouquemoute, ce gus. Il portait des favoris, comme les notaires des vouesternes, longs, frisés et saupoudrés de gris. Sa frime était à demi accaparée par ses sourcils touffus et par ses cheveux plantés extrêmement bas. Rien de jojo. Le pire résidait dans les yeux clairs, cruels jusqu'à l'indifférence. Le cliché le représentait de trois quarts, le coude appuyé sur une colonne dorique en plâtre véritable. Il portait un beau complet bleu, croisé, une chemise blanche, un nœud papillon bordeaux. Une chaîne de montre qui aurait pu servir à haler le *France* jusqu'à la casse décrivait un double vé sur son gilet. Du vouesterne, te dis-je !

— Deux cent mille pions pour vous si vous me retrouvez ce zigoto, San-Antonio.

— Mort ou vif ? demandai-je.

— Mort ou vif, confirma Thomson.

Il cueillit une liasse de biftons dans sa chaussette droite et la propulsa sur mon sous-main, comme on lance un relief de repas à un cador. D'ailleurs, c'était un peu ça, non ?

— Que dites-vous de ça, San-Antonio ? demanda-t-il goguenard.

Je portai la liasse à mon nez.

— Que vous puez des pieds, Ted, répondis-je.

A cet instant, le petit écran vidéo placé face à moi s'éclaira. La bouille du Vieux s'y inscrivit après une brève période de flou.

Le dabe acquiesçait, me signifiant muettement qu'il convenait d'accepter la propose du Ricain.

— Banco, soupirai-je, pour le Vieux et aussi pour Thomson ; c'est quoi, son patelin d'origine, en Irlande, à votre O'Bannon ?

— Oughterard, dans le comté de Galway.

— Vous êtes allé patrouiller par là-bas, évidemment ?

— Naturellement.

— Et... rien ?

— Zéro.

Il cessa de balancer sa jambe, se leva, et prit une recharge de chewing-gum dans sa poche-briquet. Il me fit cadeau de l'emballage, enfourna sa saloperie et dit en montrant sa carte :

— Je rentre aux States. Dès que vous aurez du nouveau, appelez à ce numéro. Vous trouverez jour et nuit quelqu'un pour vous répondre.

Il fit un geste de la main :

— *So long !*

C'était pas un affectueux. Avant de sortir, il se retourna néanmoins pour demander :

— Par quoi commencez-vous, vieux ?

— Par le commencement.

— C'est-à-dire ?

— Par aller à Oughterard !

Ça le fit sourciller :

— Je vous dis que j'en viens.

— Eh bien, cela fera un point de plus que nous aurons en commun, Ted.

Loin de se fâcher, il secoua la tête et déclara :

— Dans notre job, il faut toujours faire à son idée.

CHAPITRE IV

Dans notre job,
il faut toujours faire à son idée

La fille me contemple longuement. Je tourbillonne dans ses prunelles comme lorsque tu regardes le soleil dans l'eau d'un bassin.

— Vous êtes à la recherche de Vernon O'Bannon, n'est-ce pas ?

C'est la big révélation, comme on dit en France.

— Ne seriez-vous point miss O'Bannon ? rétorqué-je.

— En effet.

Eh ben voilà, on s'est bonni le principal... Que pourrions-nous maquiller d'autre ?

Un sourire lui vient. Un sourire triste.

Je voudrais le manger. Du moins, le goûter. Le serveur en spencer tracy rouge, à parements noirs et boutons d'or apporte le thé et le champagne. Je lui attrique une pièce septogonale (d'inspiration anglaise, tu penses, car faut en traîner une couche pour frapper des pièces ayant sept côtés ; c'est bien pour dire de faire chier, quoi !) et il se retire en bénissant mon nom de louanges immortelles.

L'instinct de conversation me fait déboucher la quille de roteux. J'emplis deux coupes, en présente une à Mlle O'Bannon, et lui porte un toast à l'aide de la seconde.

Ma visiteuse n'a plus envie de partir. Il semblerait au contraire qu'elle trouve un certain agrément à ma compagnie.

On s'écluse une gorgée de rouille. Le matin, ça décape. Je sens le frais breuvage friser sur ma langue comme une touffe de petits poils de cul.

— Votre visite dans la chambre, attaqué-je, elle était préméditée ou bien est-ce ce qu'on appelle le fruit du hasard ? Parce que si c'est le fruit du hasard, m'est avis qu'il est drôlement mûr, non ?

Elle hausse les épaules.

— Comment aurais-je pu prévoir votre venue d'abord, et ensuite qu'on vous affecterait l'appartement que je venais de quitter ?

— Alors disons que le bon Dieu fait bien les choses...

— C'est Thomson qui vous a chargé de rechercher papa ?

— Exact. Vous le connaissez ?

— Il m'a suivie pendant plus d'une semaine.

— Vous recherchez réellement votre père ?

— Naturellement, pourquoi ?

— Vous pourriez vouloir promener ceux qui sont à ses trousses.

Elle hoche pensivement la tête.

— Non. Je voudrais bien avoir de ses nouvelles.

Je me sers un nouveau gorgeon. La demoiselle O'Bannon fait un faux mouvement et sa culotte ensorceleuse choit sur le tapis. Spontanément, je me baisse pour la ramasser ; mais je me dis que dans le fond, il faut savoir manquer de galanterie parfois pour être tout à fait gentleman et je lui laisse ce soin. Nos visages se trouvent à moins de six centimètres l'un de l'autre, ce qui ne constitue pas un fossé infranchissable entre deux êtres jeunes et ardents.

— Si vous me racontiez un peu ? dis-je une fois qu'elle a récupéré son bien.

Je ne parviens pas à arracher mes yeux de ce slip coquinet ; comme dirait Woody Allen : je voudrais être lui.

Elle répond à ma question par une autre, ainsi qu'il est d'usage chez les gonzesses.

— Si vous retrouvez mon père, que ferez-vous ?

— Je donnerai un coup de fil à Ted Thomson pour lui communiquer l'adresse de monsieur O'Bannon, mon petit, puisque je suis payé pour ça.

— Et si je vous donnais, moi, le double de ce que vous a proposé Thomson, accepteriez-vous de travailler pour moi ?

Je lui souris.

— Si je vous répondais que oui, miss O'Bannon, vous ne pourriez pas avoir confiance en moi, car cela prouverait que je serais un infâme margoulin sans dignité.

Elle opine.

— Puis-je vous demander votre prénom ? risqué-je.

— Cathy.

— Cathy, reprends-je, personnellement je n'ai rien à l'encontre de votre daddy ; si mon flair légendaire me faisait le retrouver et que vous fussiez en ma compagnie, rien ne vous empêcherait de le prévenir pendant que j'alerterais Ted Thomson.

Dis, l'artiste, tu suis la trajectoire du mec ? Ça, c'est de l'acrobatie sans visibilité, non ? Tu la vois se pointer, la grosse bébête à l'Antonio ? Elle montre déjà le bout de l'oreille, non ? Des trucs commak, c'est comme si t'avais déjà la braguette ouverte !

Cathy O'Bannon me dévisage très gravement, en fille de tête.

— Je ne vois pas très bien où vous voulez en venir, dit-elle.

Lui faire un dessin ? Ça risquerait de tourner au graffiti de pissotière...

— A ceci, Cathy : pour l'instant nous avons vous et moi un objectif commun qui est de retrouver monsieur votre père. Mettons nos billes ensemble pour y parvenir. Et si nous y parvenons, chacun agira à sa guise, sans tenir compte de l'autre. Croyez-moi, ça se défend.

Cathy, je vais te dire : c'est pas le genre de môme à prendre des décisions à la sauvette. Elle a du chou avec la façon de s'en servir.

Pour l'instant, elle vide sa coupe de champ'. Elle sent bon la fille qui sent bon. C'est une odeur que tu ne peux pas savoir combien elle est grisante, toi qui es pédé comme un phoque.

— Vous pensez qu'il a cherché refuge en Irlande, puisque vous y séjournez, n'est-ce pas, ma jolie ?

Elle ne moufte pas. J'enchaîne, pas feignant de la menteuse, moi, San-A.

— Votre instinct de femme, votre amour filial, votre intelligence, tout vous avertit que Mister O'Bannon se trouve dans son île natale. Et moi qui ne le connais pas, avec mon pif de flic, je parviens à la même conclusion. Alors c'est qu'il y est. On ne le trouve pas parce qu'il n'a pas débarqué ici avec son attaché-case à la main et un kodak sur l'épaule. Sa planque devait être prête de longue date. Votre father, Cathy, n'est pas un enfant de chœur, il savait parfaitement qu'un jour il pouvait avoir besoin de se déguiser en courant d'air, alors il avait tout préparé, et ce qu'il a préparé doit être génial.

Elle acquiesce. Ce que je lui dis paraît la flatter.

Elle est fière de son vieux, malgré que ce soit un vieux truand au pedigree plus rouge que la Tranchée des Baïonnettes.

— J'aimerais savoir plusieurs choses, mignonne, dis-je en caressant avec le dos de mon index la bride du soutien-gorge roulé dans sa main. Par exemple pourquoi vous le cherchez si obstinément, tout en sachant qu'on vous surveille et que, si donc vous lui remettiez la main dessus, ses jours seraient comptés.

Cathy me mate comme si elle portait des lunettes et qu'elle regarde par-dessus.

J'adore son expression réfléchie. C'est une silencieuse. T'as rencontré beaucoup de femmes silencieuses, toi, vieille frappe ? Y'en a pas lulure, espère ! Alors, quand t'en tiens une, la lâche pas !

— Vous ne voulez pas me répondre, petite fille ?

— Je préfère pas, répond-elle.

— Vous vous méfiez de moi ?

— Oui, et de moi !

— Ainsi donc, mon projet d'alliance ne vous botte pas ?

— Je ne sais pas.

Je me plante devant elle dans la pose sophistiquée de l'Apollon du Belvédère.

— Visionnez un peu l'homme, Cathy, et dites-moi très franchement s'il inspire confiance ou pas ?

Elle sourit.

— Vous êtes très sympathique, reconnaît-elle.

— Mais ?

— Mais mon père m'a toujours dit qu'il convenait de se méfier avant tout des gens sympathiques.

Là-dessus, elle pose sa coupe et se lève.

— Au revoir, murmure-t-elle, il faut que je parte.

— Vous êtes pressée ?

— Mon mari m'attend.

Pour lors, si t'as jamais vu un Santonio en capilotade, grouille-toi d'arriver. Et oublille pas ton polaroïd car il vaut le coup de flash, le commissaire.

Son mari ! Moi qui lui filais du « miss » gros comme ta connerie !

Adieu, mes rêves polissons. Adieu, mignon slip. Tu sais que ça me calmerait les sangs de lui talocher le museau à cette pécore ! Pour l'apprendre à s'être mariée sans prévenir. Et ces manières de te laisser grimper le bourrichon, nom de Dieu de salope !

Elle disparaît.

Je caresse ma boutanche posée contre la théière.

Voilà qu'elle est tiède.

En revanche, le thé refroidit.

CHAPITRE V

En revanche, le thé refroidit...

Je mets la radio. Ça zizique un truc folklorique, à base de cornemuse. Je suppose que les vieux Irlandoches mouillent en entendant ça. Moi, en trois secondes j'ai les tympans qui se fanent. Alors je leur restitue le silence. Il est de brève durée car Sa Majesté réapparaît, superbe dans un peignoir de bain proposé par l'hôtel. Ce vêtement est insuffisant pour le contenir tout. Il s'en faut d'une cinquantaine de centimètres sur le devant. Nous conservons donc une vue aussi directe qu'imprenable sur la poitrine velue du gaillard, sur son nombril ahuri, son bas ventre haché de cicatrices, blanches et son sexe surdimensionné dont, même au repos, l'on est conduit à se demander s'il s'agit d'une bite ou d'une trompe.

— Ta grognace est partie ?

Je trouve le qualificatif un peu duraille pour Cathy. Elle m'a troublé, cette petite médème. Une sorte de télescopage du guignol. Ton aorte qui bredouille tout soudain et il te vient dans l'âme une tristesse vaporeuse.

— C'était la fille O'Bannon.

Le lucratif parenthèse des cannes pour s'aller gratter le trou du cul démangeant sans bourses déliées. Il fourbit longuement, à belles onglées féroces, puis s'empare de la bouteille de champagne dont la tiédeur ne l'affecte pas.

— Comment t'est-ce tu l'as connue ?

— Le hasard.

Il tute une grande lampée démolisseuse, meugle la joie de ses papilles décapées et déclare :

— L'hasard, Mec, ça n'éguesiste pas. Si t'auras rencontré c'te pouffe sans la chercher, c'est que ce sera elle qui t' cherchait. Pointe à la ligne !

Comme quoi, tu vois, même en état de super-gueule de bois, le Béru ne départ pas sa jugeote.

Je considère le petit clavier où s'alignent les différents boutons d'appel du service et je sonne la femme de chambre. Moi, si tu veux savoir, cette affaire O'Bannon me laisse dubitatif. Je pige mal qu'un spécialiste ricain de l'envergure de Ted Thomson fasse appel à moi. Non pas que je chique à la modeste violette, mais tu penses qu'un peuple qui chiasse pour laisser atterrir Concorde ne va pas sonner à la lourde d'un flic français quand il veut régler des problèmes aussi délicats. Quant à la visite de la fille O'Bannon venue récupérer son slip, reconnais que ça laisse rêveur.

La femme de chambre radine, souriant de tout son râtelier acheté dans un Uniprix de Dublin. C'est une dame qui n'a pas doublé la soixantaine car personne, même en Irlande, ne saurait vivre jusqu'à cent vingt ans ; mais elle a davantage de carats que tous les joyaux de la couronne réunis. Et du reste, tu penses bien que, dècheur comme il est, y'a belle lurette que le Trésor Britannouille l'a fourgué au Shah Durand.

Elle me demande ce dont je désire en louchant sur la face visible de Béru, lequel continue de picoler le Mumm au goulot.

Je cueille un billet de banque de deux kilos et demi

(y'a écrit cinq livres dessus) et le montre à la vénérable personne.

Elle a des lunettes sur la poitrine, retenues par une chaînette. Elle en chausse le mignon tubercule à l'aide duquel elle se mouche et regarde le billet.

— C'est cinq livres, sir ? suggère-t-elle.

— En personne, admets-je.

La vieille dame de chambre continue d'examiner la coupure.

— Très joli, ajoute-t-elle, bien qu'il y ait là-dessus le portrait de la reine d'Angleterre.

— Nul n'est parfait, soupiré-je.

— C'est la pure vérité, sir.

— On pourrait faire de la monnaie, dis-je, mais le même portrait figure également sur les coupures d'une livre.

— La Banque d'Irlande a tout de même les siens propres, assure la femme de chambre, hélas elle les imprime en quantité réduite, ce qui nous contraint à utiliser ceux-ci.

— Ce billet vous plairait-il ? je lui demande.

— Certes, répond-elle vivement. Malheureusement je ne sais pas sucer. Jadis, avant la Première guerre mondiale notamment, beaucoup de clients me proposaient de l'argent pour que je leur fasse une pipe, hélas la chose m'a toujours été impossible car j'ai la luette hypertrophiée et d'une sensibilité telle qu'il m'est même interdit de manger des asperges.

— Madame, il ne s'agit pas de mettre vos glandes salivaires à contribution, mais seulement votre mémoire.

Elle se rassérène.

— En ce cas, sir, bien qu'il lui arrive de me jouer des tours, je la mets volontiers à votre disposition.

Béru lance un abominable rot. La femme de chambre se tourne vers lui.

— Je crois que nous sommes le 5, sir, lui répond-elle.

Puis à moi :

— Que souhaiteriez-vous m'entendre évoquer, sir, l'insurrection d'avril 1916 qui aboutit à la proclamation de la République ? Ou l'élection du président de Valera en 1919 ?

— Je voudrais simplement que vous me parliez des personnes qui ont occupé cet appartement avant nous.

Il lui faut un petit brin d'instant pour rajuster le tir. Mais c'est une femme qui a beaucoup vécu, et ce dans des conditions parfois difficiles. Pour être irlandais, il ne suffit pas d'être né en Irlande, il faut aussi se montrer courageux. Alors elle reconsidère bravement la situation et s'y adapte comme une ventouse de caoutchouc au trou d'écoulement d'un évier.

— Que vous en dire, sir ?

— Le maximum.

— Par exemple ?

— Le temps qu'ils ont passé ici, la manière dont ils s'y comportaient, et surtout, les gens qu'ils y recevaient.

Elle hoche la tête.

— Mon Dieu, sir, je ne fréquente les appartements des clients que d'une façon épisodique et ce n'est généralement pas lorsqu'ils ont des visites qu'ils me sonnent. J'attends qu'ils soient sortis pour entrer.

— Si bien que vous n'avez rien à m'en dire ?

— Hélas, sir, je crains bien que non.

Elle a pour mon billet de cinq livres le regard qu'a une maman bretonne pour son Terre-Neuvas de fils au moment où celui-ci quitte sa morue pour aller en pêcher des vraies dans les mazouts de la Mer du Nord.

— Tant pis, fais-je en lui offrant la banknote.

Mon geste l'humidifie complètement. La voici qui s'égoutte.

— Sir, sir, soupire-t-elle, vous êtes vraiment le digne fils d'un peuple capable de remporter le grand chelem dans le tournoi des Cinq Nations. En remerciement, laissez-moi vous révéler quelque chose à propos de ce couple qui vous intéresse. Je n'ai pas une âme de dénonciatrice, mais votre *fair play* vainc mes réticences.

— Dites, vaillante Irlandaise ! Dites vite !

— Il s'agit du mari de la dame...

— Eh bien ?

— Ce n'est pas son mari.

— Qu'est-ce qui vous conduit à le supposer ?

— Je ne le suppose pas : je l'ai constaté.

— Mais comment ?

— En l'apercevant, dévêtu, alors qu'il sortait de sa salle de bains, sir. Ce monsieur est en réalité une dame.

J'exclame :

— Une dame ! ! !

— Parfaitement, sir, ce qui vous montre bien que tous les goûts sont dans la nature.

CHAPITRE VI

Tous les goûts sont dans la nature...

Je demandis (1) au grand diable de portier vêtu de bleu galonnard où se trouvait le garage de l'hôtel et il me regarda comme si je m'informais des dimensions de sa zézette. Une demi-livre (sans os) lui ranima le visage et il me répondit :

— *At the corner, sir, just at the corner.*

Aller au corner est un exercice qui m'est familier depuis la maternelle. L'homme a inventé le coin parce qu'il considère son dos comme une cloison et qu'il lui suffit de se mettre face à une encoignure pour se sentir totalement isolé.

Le corner dont parlait le grand portier que je venais d'enrichir de sensible façon, était celui de l'hôtel. Je m'y rendus (2) donc et me trouvis (3) en présence d'une petite rue tellement dénuée d'intérêt qu'on se demandait pourquoi des gens avaient eu l'idée de la percer et d'autres de l'habiter. Je la pris néanmoins jusqu'au coin suivant. le *Gresham* étant de forme rectangulaire comme pas mal d'immeubles en ce monde, si tu veux bien excepter la tour de Pise,

(1) Laisse, je trouve plus joli comme ça.
(2) *Idem.*
(1) *Idem.*

le Palais de la Tévé et quelques autres masures. Dans la seconde rue, sinistre celle-là, donc de quelque intérêt, s'ouvrait un hangar à voitures à l'intérieur de quoi un grand chauve qui avait dû être roux, car il sentait encore mauvais, écoutait la retransmission d'une course de bourrins sur son transistor. Il avait probablement parié sur un ongulé solipède du nom de *Big Love* car il se mit à trépigner et à traiter saint Patrick d'enculé lorsque le spiqueur annonça que ledit venait de refuser une haie qu'il trouvait sans doute incongrue, placée ainsi en plein milieu de son parcours.

J'attendas qu'il se calmisse (1) et il se calmit. C'était un homme assez vieux, qui ne pouvait se permettre des états colériques trop prolongés. Je lui donnis l'autre moitié de livre qui me restait du portier. Il la prit sans hésiter, mais en se demandant ce qu'il devait faire ou chanter en échange de ce joyau monétaire frappé d'une harpe.

— Un couple a dû amener une voiture de louage, tout à l'heure, dis-je, dont le carburateur serait défectueux.

— Oh, yé, vous êtes de la société de location ?

Voulant lui épargner une déception possible, j'éludai et lui demandai où se trouvait le véhicule incriminé. L'ancien rouquin promu chauve me montra alors une automobile jaune, de marque britannique, stationnée près du box de lavage.

— Si je comprends bien, dis-je, on n'a pas encore amené sa remplaçante ?

— Non. je croyais que c'était vous ?

Je lui rétorquai qu'on m'avait déjà pris pour un foot-balleur, un ecclésiastique, un énergumène, un représentant en soutiens-gorge, un R.P.R., un Autri-

(1) Bon, t'as l'habitude maintenant.

chien, un diabétique, un cas d'espèce, mais encore jamais pour une automobile. Et j'escaladai sa médusance pour lui demander s'il devait alerter le couple quand le changement de véhicule s'opérerait. Il m'assura qu'oui. Je voulus savoir où il devait prévenir les gens en question; était-ce à l'hôtel? Non. Dans un café? Pas davantage. Alors z'où?

L'homme qui avait eu l'imprudence de faire confiance à cette carne de *Big Love* pénétra dans un box qui avait dû être vitré à sa création, mais les vitres avaient été remplacées progressivement par des calendriers des années précédentes, le premier à entrer en fonction remontant à 1933. Je l'y suivis. L'y vis fouiller entre les pages d'un gros book. L'y entendis jurer que « par le Dieu tout-puissant, où c'est-y que j'ai foutu leur saloperie de papier? ». Et m'y réjouis de lui voir trouver le document en question. Il s'agissait d'une page de carnet sur laquelle figurait le nom international de Martin (en anglais se prononce Mârtine) suivi d'un numéro de téléphone.

J'enregistrai mentalement le tout et rendis le papier au chauve.

« Ainsi donc, songeai-je, ce qu'a prétendu Cathy O'Bannon serait vrai : elle aurait bien fait retour à Dublin pour changer de bagnole! »

Le gardien me considérait d'un air bourré d'incertitude, de ses petits yeux rougis par la Guiness qu'est si good for the conjonctivite.

— Pour changer de voiture, il faut bien signer un nouveau contrat de location, ou du moins un amendement au premier, non?

— Oeuf corse, me confirma-t-il, à tout hasard et en anglais.

— Ce changement doit avoir lieu quand?

— D'un instant à l'autre, je croyais justement que vous... Mais alors, qui êtes-vous ?

— Le type qui vous aura remis une livre et demie, camarade, fais-je en lui tendant un billet verdâtre avec encore la mère Machin dessus, diadémée et souriante.

Il enfouillasse sans chercher à piger plus loin. Me considère comme un Big Love qu'il aurait négligé de jouer, mais qui lui assurerait cependant un gentil rapport.

Je vais à la voiture jaune, parce qu'elle est là, que je suis flic et que nous autres poulagas, comme fouille-merde, je te dis que ça.

J'ouvre la tire, reconnais le parfum discret de la bourgeoisie, l'hume, farfouine dans la boîte à gants, n'y trouve qu'un paquet de caramels à la menthe entamé, une carte routière de l'Irlandie et puis ça y est voilà tout. Je mate la plage arrière, mais y'a juste un dépliant du Régionne Tourist offices sur les maisons de maître transformées en hostelleries. M'en prends alors au coffiot, seulement il est fermé à clé. Je cueille les caroubles au tableau de bord. Elles sont deux : celle pour le contact, l'autre pour les lourdes. Mais impossible d'ouvrir ce putain de coffre que la serrure doit être faussée ou j' sais pas. Le rouquin désaffecté m'approche en me disant à travers ses extinctions de voix, consécutives à son pub habituel, que la malle peut plus s'openner et que les gens avaient dû empiler leurs valoches sur le siège arrière. Tu vois ? Moi, l'éternel insatisfait, qu'arrive à ses fins en toutes circonstances, je me sers de mon sésame. Parce que pour ce fripon, y'a pas plus de serrures faussées que de radiations atomiques dans la culotte d'Élisabeth two. Faut tout de même bricoler un bout de temps avant d'obtenir satisfaction. Et puis cela finit par céder.

Je soulève le couvercle en éprouvant un léger quelque chose qui ressemble à de la prémonition, ce qui est ultra normal, non ? Car pourquoi t'aurais-je raconté tout ça si ç'avait été pour me trouver devant une malle vide ? Tu t'attends au pire, hein, Bazu ? T'imagines tout de suite le méchant drame que je t'ai habitué : le cadavre, la tête sectionnée ou autre ? Eh ben, c'est autre chose, navré de te décevoir. Il y a dans ce coffre un grand carton plein de genêts fleuris. Je passe la pogne dans les branchettes pour m'assurer. Je fais bien. Mes doigts rencontrent très vite du dur, du rond, du froid. Le temps d'un léger va-et-vient sous les fleurettes et je dégauchis une mitraillette. Je la laisse en place, sans sourciller car le garde-tires me visionne à travers ses yeux couleur de Guiness dans le soleil couchant. Je retire le carton du coffre en faisant semblant qu'il est léger, rabats le couvercle négligemment.

— Il serait dommage de laisser perdre ces ravissantes fleurs, dis-je à mon aimable compagnon.

Lui, pas tellement poète, renifle un grognement plantigradesque. Les genêts en fleurs, il en a rien à branler, vu que ça n'a jamais gagné une course de chevaux ni eu le goût de whiskey (parce que là-bas, ils disent jamais whisky, pour faire chier les rosbifs). Je le salue d'un sourire plus irradieux que le dépliant agrafé au milieu de « LUI » (ce qui ne veut pas dire que mon sourire soit con).

— Salut, l'ami !

***

Un taxi vient de décharger devant l'hôtel, ce dégueulasse. Je l'hèle. Avec mon carton fleuri sous le bras je fais un peu Chpountz.

— Vous êtes libre ?

— Yé.

— Parnell Street !

— Va te chier, sale con ! me dit-il à peu près, car certains termes sont rétifs à la traduction.

Et il démarre en trombe, et on peut même ajouter en trompe, car y'a une réclame pour le *Thé Éléphant* sur la vitre arrière de son carrosse.

Le portier, dont j'ai lubrifié la patte naguère, s'approche.

— Des problèmes, sir ?

Je lui explique. Son masque mortuaire ressuscite un instant pour sourire d'apitoyage.

Il tend le bras pour me montrer une rue voisine.

— *At the corner, sir. Just at the corner !*

J'aurais dû me gaffer que la petite mère Cathy créchait à proximité du garage.

***

Dublin, je vais te dire, la main sur le cœur : ça ne vaut pas un coup de cidre. C'est gris, c'est morne, ça fait capitale provinciale et, sans quelques mignonnes fillettes dont la chevelure est immuablement d'un châtain clair à reflets roux, tu te referais reconduire dare-dare à l'aéroport. Outre ces donzelles, la seule chose qui suscite quelque intérêt, ce sont les portes.

L'Irlandais a le goût de la porte, comme le rosbif a celui de la pelouse et le Français celui du comptoir.

Les lourdes de chaque immeuble sont cintrées, flanquées de colonnes, ornées de magnifiques heurtoirs en cuivre, laquées, mignardées, fourbies.

Celle du Dr Stephen Martin, tu peux la flasher pour ton album, elle vaut qu'on en gravisse le perron.

Elle comporte des colonnes doriques, une imposte garnie de fer forgé, un loquet que ça représente une main de femme en train de se chatouiller le clito, un trappon de boîte à lettres ciselé, plus des trucs et des machins pour achever d'en faire une œuvre d'art à part entière. Je fais dong-dong-dong et dong au moyen du heurtoir. Une pimpante commère (elle est de Windsor) vient m'ouvrir, accorte, comme on dit puis, avec son blanc tablier et son bonnet dentelé.

— C'est une livraison? elle questionne par-derrière son bec-de-lièvre.

— Oui, dis-je, mais qui nécessite une démonstration, aussi est-il indispensable que je rencontre le docteur Mââârtine.

— Il est en train de prendre son lunch.

Je sais qu'en ces contrées, la loi du lunch prime tout.

— Qu'à cela ne tienne, réponds-je, je vais l'attendre.

Elle consent sans la moindre rechignerie, en femme docile pour qui l'existence est sans problèmes majeurs. Me fait pénétrer dans un petit salon d'attente, meublé de fauteuils en raphia et dont sur les murs desquels c'est plein de jolies photos représentant des couchers de soleil sur la mer. Un vieillard mironton s'y trouve installé, beau comme un casse-noix sculpté, et hardé en mendiant. Il ouvre sa bouche pour me dire « Hello! », j'ai le temps de compter ses dernières dents : il lui en reste deux, et encore je ne voudrais pas devoir m'accrocher après si je n'avais qu'elles pour m'empêcher de glisser dans un précipice.

Je dépose le carton sur une table basse, juste à côté d'une revue dont la couvrante représente Gagarine revenant de sa balade cosmique.

— C'est des genêts! m'assure le débris en me montrant ma boîte en carton.

— Oui, je crois bien, réponds-je.

Il se penche sur les fleurs.

— C'est tout ce qu'il y a des genêts, ratifie le vieillard.

— A n'en pas douter, crois-je opportun d'ajouter.

Il plonge la main dans le carton.

— J'aime les genêts, déclare-t-il.

— Écoutez, moi c'est pire : je les adore, fais-je en retirant la boîte de sa sénile portée.

Et pour faire diversion :

— Vous êtes malade ? m'empressé-je de lui demander.

— Oui, c'est l'âge, pré-diagnostique-t-il.

— On ne peut avoir été et être, soupiré-je.

Il réfléchit.

Longtemps.

— Certes, concède enfin le vieillard.

Un silence. Je l'approfite pour écouter les bruits de la maison. Il me semble percevoir des tintements de vaisselle et un bourdonnement de conversation dans une pièce voisine. Après tout, je ne vois pas pourquoi j'attendrais que ces gnafs aient fini de bouffer leurs cakes et autres marmelades pour leur parler.

Je reprends mon carton sous le bras et me dirige vers la porte.

— Vous repartez ? s'étonne le gériatreux.

— Je vais faire analyser mes urines, expliqué-je.

J'ai déjà la main sur le loquet quand un coup de heurtoir énergique fait résonner la maison (en anglais the house). Je sursois à mon désir d'interviendre. La grosse commère arpente le vestibule et délourde.

— De quoi s'agit-il ? elle s'enquiert.

Mais le visiteur ne doit pas répondre, ou alors par gestes, car je ne perçois pas sa voix.

Un bruit de pas. Plusieurs personnes viennent de pénétrer chez le Dr Martin. Et puis soudain, tout se fige. Je vois tourner le loquet de la lourde. Mon instinct joue à bloc : je me jette en arrière de manière à être masqué par la porte. Mon ami le casse-noix relève sa tête hypodermique pour mater quelque chose qui lui prend peur. Une main gantée entre dans la pièce, pourvue d'une superbe pétoire dont l'esthétisme est mutilé par l'adjonction d'un vilain silencieux.

Un « vlouff » pareil au décapsulage d'une bouteille de champagne lorsque ça se passe en douceur. L'étonnement du vieux genêtophile croît d'autant plus qu'il vient de se payer une balle entre les deux yeux. Et poum, il te m'en meurt séance tenante, ce pauvre diable, faisant ainsi l'économie d'une consultation.

La main gantée se retire avec arme et badge. La porte se referme. La servante, morte de frousse, ne peut pas contenir des gémissements qui annoncent son imminent évanouissement.

Pour ma part, derrière la porte du salon, avec toujours mon carton plein de genêts sous le bras, je me sens un tantisoit surpris. Des choses pareilles, excepté dans mes books, tu les trouves nulle part ailleurs, ou alors à des prix exorbitants.

Le cortège silencieux s'enfonce dans la maison. Alors moi, commissaire chéri, je dépose ma boîte sur une chaise et je dégage la mitraillette qui y est planquée.

Elle est justement pourvue d'un chargeur. Y'a que le cran de sûreté à ôter. Ce dont je. Je pose mes Charles Jourdan des dimanches. En chaussettes, je ne fais pas plus de bruit que l'ombre d'un chat sur du velours. Des cris retentissent, soudain. Et des « vlouff vlouff vlouff ». Les cris cessent.

Ça pue la poudre dans le secteur. La traillette à

l'épaule, je remonte le couloir jusqu'à la pièce où ça lunchait.

Une double porte vitrée dont un battant est ouvert me permet de découvrir la scène suivante...

CHAPITRE VII

La scène suivante...

Dans ces cas-là, voilà ce que je te propose : tu t'avances à pas de chaussettes, comme décrit ci-avant. Tu regardes. Et tu vois quoi ? Tu vois une salle à manger Regency, un peu popote. Dans cette salle à manger devenue pour la circonstance une salle à mourir, il y a quatre personnes très absolument mortes, à savoir : la gentille servante grassouillette, à bec-de-lièvre et de tortue qui rien-ne-sert-de-mourir-il-faut-partir-à-point ; le Dr Mââârtine et son épouse, gens d'allure grave et trépassée dont je fais ainsi la connaissance posthume ; et enfin un jeune homme efféminé qui doit être le pseudo mari de Cathy O'Bannon. Tout quatre ont défunté d'une balle dans la nuque et sont dans la position assise, avec leurs têtes dans le porridge. Voilà pour les victimes. Venons-en aux meurtriers. Ils sont trois. Trois types portant des cirés noirs, des chapeaux de feutre foncés, agrémentés d'une plume de zoiseau, et de grosses lunettes noires. Plus des gants de chevreau. Des professionnels à la technique éprouvée, croye-moi. Chacun est muni d'un pétard à silencieux. Ils ont accompli leur boulot comme des grands : célérité, efficacité, discrétion assurée. Outre eux, outranciers, outrée : Cathy. L'un des assassins se tient derrière elle, le canon de son feu appuyé contre la ravissante nuque de la jeune femme. Va-t-il faire feu ? Peut-être, encore que peut-être pas, si tu veux ma conviction intime et définitive.

Moi, je commence par le commencement, à savoir par praliner les deux autres. Deux brèves rafales : une à gauche, l'autre à droite ; et parfaitement ajustées, puisque le premier touché est trépané au-dessus des sourcils et que tu pourrais déguster sa cervelle à la coque ; tandis que le second a reçu le bouillon d'onze heures en plein poitrail. Pour ôter son cœur, maintenant une pince à épiler suffirait. Le problème restant à résoudre, c'est le troisième zigomard. Planqué derrière la fille O'Bannon, il jouit d'une position privilégiée.

— Jetez votre arme sinon je l'allonge ! me dit-il avec l'accent londonien.

— Si vous l'allongez, qu'est-ce qui me retiendra alors de vous couper en deux, l'ami ? objecté-je.

Il place le canon de sa pétoire sur l'épaule droite de Cathy et défouraille. L'inconvénient des silencieux, c'est qu'ils ne le permettent pas de bien ajuster ton tir. A partir d'une certaine distance ça merdouille un brin. La balle ne siffle même pas à mes oreilles. Je bondis en arrière de façon à me trouver à l'abri du couloir.

A présent, les deux équipes réclament un temps mort pour avoir le temps d'examiner la situation. Pour ce qui me concerne, je me dis que mon adversaire a provisoirement l'avantage puisqu'il détient Cathy en otage. Tant qu'elle sera vivante et devant lui, je ne pourrai l'asperger d'étoiles filantes.

Il se dit cela parallèlement, mais en anglais, ce qui lui nécessite quelques secondes de plus.

— Écoutez, me crie-t-il, je vais sortir avec elle et vous ne broncherez pas !

— Essayez toujours, réponds-je.

Je mate alentour, à la recherche d'un plan de secours. Ma pensée tourne comme une turbine emballée. Je me dis que ceci, et puis que cela, et d'autres choses plus viceloques encore.

Mon gus a certes l'avantage, mais il sait que s'il arrive quoi que ce soit à Cathy, il aura droit comme promis, à sa ceinture de plombs. Il lui faut donc manœuvrer habilement. La moindre défaillance et ce sera sa Toussaint. C'est alors que l'Antonio chéri a son coup de génie habituel...

Car, tu n'auras pas été sans observer que je ne suis pas le genre de gusman à stagner dans le schwartz très longuement. Aussi, voilà ce que mon esprit fertile vient de mic-maquer : grimper au premier étage à toute pompe, le plus silencieusement possible. Sauter dans la rue par une fenêtre sans m'estropier ni m'estromanier. Y attendre la sortie du méchant avec sa proie et le cueillir par-derrière puisqu'il ne s'y attend pas.

Moi, tu sais pas ? En m'élançant, je fais claquer de toutes mes forces la porte de la salle à briffer laquelle, exceptionnellement et pour les besoins de ma cause, s'ouvre sur le vestibule. Son bruit ponctué de vibrations et de bris de vitres consécutifs couvre le froissement de ma fuite.

J'élance donc pour gravir l'escalier garni d'un tapis. Au fond du couloir desservant les chambres du premier floor, se trouve la fenêtre que j'espérais. Je la soulève car, bien que n'appartenant pas au style Louis XVI elle est à guillotine, l'enjambe et, non sans appréhension, me virgule dans la rue. En chaussettes, un saut de quatre mètres n'est pas recommandé. Bien entendu je me meurtris les chevilles. Ça me file des étincelles plein la calotte, des lancées dans toutes les cannes jusqu'à leur delta, et même, mes sœurs Brontë en sont comme électrocutées.

Mais le plus douloureux, c'est le ressaut de la mitraillette que j'ai passée en bandoulière. Le canon me file une sorte de coup de goum' sur l'os-qui-pue (comme dit Béru) et j'en tombe à genoux de saisissement, pile devant une vieille religieuse à lunettes bleues qui porte des ribouis de troupier d'avant *quatorze*.

Elle est miro au point d'entrer dans les cabines téléphoniques pour se confesser, la pauvre grande.

— Vous avez perdu quelque chose, frère ? elle s'inquiète.

Et comme je tarde à répondre, elle murmure :

— Ne serait-ce point ceci ?

Je regarde ce qu'elle me présente : il s'agit d'un coquet pétard nickelé extra-plat, pour l'aumônière.

Des gens passent, s'étonnent sûrement dans leur for intérieur de découvrir sur la voie publique un superbe gentleman en chaussettes, harnaché d'une mitraillette et tenu en respect par une vieille nonne bien honnête friande de nonnettes ; seulement, oublille pas deux choses, mec : la première c'est que l'Irlande a été occupée pendant sept siècles je crois par les Anglais (si je me goure t'inquiète pas, ça n'a plus aucune importance et m'écris pas pour rectifier, ta lettre je saurai même jamais de quelle couleur qu'elle était ni combien tu fais de fautes d'orthographe à la ligne) ; la deuxième, c'est que ces pauvres biquets, là-haut, avec leur guerre religieuse de mes fesses, ils marchent au milieu des bombes comme toi au milieu des merdes de cadors, sur les crottoirs parisiens. Alors nos simagrées, entre le flegme et l'habitude, c'est tout juste si un quidam ira les signaler à un flic pour peu qu'il en croise un sur sa route en rentrant calcer sa rouquine et faire chauffer sa Guiness au bain-marie (des Iles). Yaya, ce qu'ils s'en branlent, eux z'autres, de nous voir dans cet équipage, la religieuse et moi.

Sur ce, la porte du défunt Dr Martin s'ouvre et l'autre gonzier se présente à reculons, Cathy plaquée contre him, son feu pointé par-dessous l'aisselle à la ravissante. Comme je te l'aurais bité, ce cosaque, si la révérende Six-trente-cinq n'avait assuré ses arrières.

Elle interpelle son pote :

— Hello, Nell !

Il se retourne, nous constate et sourcille.

— Les autres ? demande sœur Gâchette.

— Morts ! laconise le mec.

— Ce fumier ?

— Lui.

Un bref instant, je me dis que la nonne va me donner sa bénédiction urbi et orbi, troudebite et troudeballe, tellement le décès de ses garnements semble la peiner cruellement, cette sainte femme.

— Montez en voiture, fait-elle au kidnappeur de Cathy.

Ce dernier obtempère. Il flanque un coup de genou très inconvenant dans le fessier de la fille O'Bannon, l'obligeant à s'engouffrer dans une grosse Mercedes 230 SL noire, et allemande malgré sa conduite à droite. La religieuse me dit :

— Lève le bras droit, salopard !

J'obéis.

— Plus haut ! O.K. ! Maintenant prends la bride de ta mitraillette par le milieu et dégage-la de ton épaule. Si tu baisses ton bras droit d'un inch, je t'abats dans la rue. Jette cette mitraillette le plus loin possible !

— Mais...

— Vite !

Je fais. La seringue valdingue sur la chaussée. Le choc la déclenche et quatre pets vont priver d'air le pneu d'un camion de livraison stoppé non loin.

La servante du seigneur me met alors un monstre coup de crosse en plein portrait. Je déguste pratiquement entre les sourcils. D'à genoux que je me tenais, je me retrouve à plat ventre. J'entends claquer une portière, décarrer une chignole. Ils ont embarqué la môme Cathy, ces gueux.

CHAPITRE VIII

Ils ont embarqué la môme Cathy, ces gueux !

Oui, ils ont !

Et cet enlèvement me donne le sentiment désagréable d'être une écorce de melon abandonnée dans un caniveau. Le très remarquable San-Antonio a été couillonné ; ou si tu préfères, pour le cas où tu détesterais les mots crus : bité profondly.

Mais enfin, alors bon, quoi, je ne vais pas me laisser dégouliner comme un vieux furoncle éclaté à la fleur de l'âge mûr, hein ?

Primo : récupérer mes targettes.

J'entre chez l'excellent Dr Martin et je te parie ce que tu sais contre n'importe quoi de même valeur qu'en ce moment, la morgue officielle de Dublin est moins bien achalandée. Car enfin, les défunts sont au nombre de sept. Sept morts en quelques secondes, c'est un palmarès que tu trouveras jamais plus fort dans le civil. J'enfile mes godasses et retourne à la salle à manger pour palper le corps du beau jeune homme qui se faisait passer pour l'époux de Cathy O'Bannon. et fectivement, il s'agit tout ce qu'il y a d'une femme. Bien sûr, j'aurais plaisir à fouiller la maison, mais le temps me tarabuste. On a beau être au pays des attentats, il est probable que l'Irish volaille va se pointer d'ici avant longtemps.

Je file presto, enquille la première street à droite, la seconde à gauche et ainsi de suite jusqu'à ce que je me retrouve devant l'entrée sommée de drapeaux du *Gresham.* Le portier compassé décompasse un peu en me voyant. Il me semble, mais sans doute n'est-ce là qu'une hallucination, qu'il a amorcé un projet de début de sourire.

— Très joli temps, vraiment, sir, m'assure-t-il, votre promenade fut agréable ?

— Un rêve, assuré-je en engouffrant la porte tambour tellement fort qu'un petit Japonais qui se trouvait avec son Nikon dans le compartiment opposé au mien est amené à faire trois tours dans le collimateur avant de se retrouver dans le hall.

***

Quand tu entends vociférer « Les Matelassiers » quelque part, c'est que mon Béru a le cœur emprintané.

Je le trouve allongé devant le feu de cheminée, les pieds sur la table basse, et saboulé mylord. Il boit à même un flacon de whiskey.

— Dans le fond, j'eusse été con d'écluser de l'eau minérable, assure-t-il, quand on traîne une monstre gueule de bois, faut pas lui prendre de gants, mais la punir en r'travaillant dessus.

Il me considère avec les deux tranches de saucisson d'Arles qui, ce matin, lui tiennent lieu de regard.

— T'as l'air tout chose, gars. C'est le climaxe d'ici qui t' défrise la gamberge ?

Je me laisse choir dans un proche fauteuil, place mes targettes à l'équerre des siennes et lui raconte mes tribulations matineuses. Par moment, il m'interrompt pour poser une question complémentaire, preuve que mon récit l'intéresse. Puis, lorsque le silence est revenu entre nous comme le pélican à ses roseaux du soir, l'éminent penseur laisse vagabonder son intellect par les sentiers boueux de la déduction

— Y'en a des pourquoi, dans tout ce bignz, hein ? finit-il par éructer au bout de ses cogitations. Làlà c' qu'en a ! Des affaires à pourquoi j'en aye vu. Mais une qu'en eusse aussi tellement, je croye pas.

Et il entreprend l'énumération :

— Pourquoi que ce privé amerloque t'a chargé d' ce turf ? Pourquoi qu' la fille O'Machin avait oublié sa culotte ici ? Pourquoi qu'a une mitraillette dans son coffre faussé ? Pourquoi qu'elle voyageait av'c une gonzesse travestie en homme ? Pourquoi qu'é connaissait c' toubib ? Pourquoi qu' des gus sont été faire ce tout grand schproum chez Martin ? Pourquoi qu'y z'ont effacé tout l' monde, sauf la môme ?

Il s'arrête et ajoute :

— Et t'essaieras et t'essaieras jusqu'à ainsi d' suite.

Je m'efforce de reprendre une à une ses questions et de leur trouver une réponse plus ou moins plausible.

— Thomson m'a chargé de retrouver O'Bannon parce qu'il n'y est pas parvenu lui-même et qu'il a voulu essayer un confrère européen.

— Admettons, rétorque le saoulographe.

— Cathy avait réellement oublié son slip ici.

— Souate ! convient triple-bide.

— On a volontairement placé une mitraillette dans son coffre, puis on a faussé la serrure d'icelui et bricolé le carburo pour l'obliger à changer de voiture. Logiquement, l'agence allait réparer, découvrir l'arme, prévenir la police, ce qui lui aurait causé de graves ennuis.

— Possib', fait Messire de Mesdeux.

— Elle est peut-être lesbienne et fait passer son amie pour son mari.

— J' sus moins certain, dubite Bigzob. J' l'aye aperçue, elle semb' pas s' délecter dans le gigot à l'ail.

— Le docteur Martin était peut-être un de ses parents, voire un ami de son father, et c'est pourquoi elle se trouvait chez lui.

— Disons, dit Alexandre-Benoît, mal convaincu.

— Martin dirigeait peut-être une organisation secrète irlandaise. Ce pays en est plein, ses adversaires se sont pointés chez lui tout à l'heure, non pas pour kidnapper Cathy, mais pour liquider le docteur et ses proches.

— Un peu dur, déprécie le Gros. C'est tout ?

— Peut-être qu'en les voyant débouler pour le massacre, le toubib leur a appris que le père de Cathy était un roi de la pègre et qu'ils auraient droit à d'impitoyables représailles s'ils jouaient aux cons. Les mecs ont alors épargné Cathy et l'ont enlevée pour s'en servir de monnaie d'échange.

Mon Valeureux éternue poliment dans sa main, essuie délicatement icelle à l'aide des coussins de satin et me demande :

— Tu mettrais ta main au feu de tout ça, Mec ?

— Non, conviens-je.

— C'est c' que j' voulais t'entend' dire, Gars, parce que moi non plus, sans vouloir désobliger. La seule chose vraisemblable dans toute ta déconne, c'est qu'on avait cloqué c'te ronflante dans l' coffiot à miss Cathy pour lui vaudre des turbins.

— Donc, nous avons eu raison de venir rechercher O'Bannon dans son pays natal.

— Biscotte ?

— Mais parce que si des gens veulent contrecarrer les recherches de sa fille, c'est qu'elle est sur la bonne voie. Je sens que le vieux forban est quelque part dans le secteur.

— S'il y serait on va l' dégauchir, promet Bérurier que le délicieux whiskey a remis à neuf. Allez, assez gambergé : au turbin, camarade !

— Minute, Pape Pie XI ! On commence par quoi, à ton avis ?

Ma question radieuse Alexandre-Benoît. Tous les subalternes confusionnent d'émotion et d'orgueil discret quand leurs supérieurs sollicitent leur avis.

— Ben, on commence par rechercher la gosse, quoi ! C't' évident.

— Eh bien non, démolis-je : on continue de chercher le père, car tel est notre objectif de départ, Gros. Ne nous laissons pas écarter du but par des incidents de parcours.

Sa Majesté émet un mugissement parfumé au whiskey.

— Sept macchabes, t'appelles ça un incident de parcours, Gars ?

— Hiroshima aussi a été un incident de parcours, mon bon ami.

— Oh, dis, tu vas pas nous faire une farine, av'c ta philojophie, proteste Misteur Matuche. Ce qu' j' voye, c'est qu'une p'tite mère ravissante vient d'ête kidnappée et qu' môssieur le commissaire de mes chères frangines, au lieu de lu voler au secours, furette pour r'trouver son vieux brigand d' père !

— Les jours de Cathy ne sont pas en danger pour l'instant.

— Anon ?

— Anesse, Gros. Si on l'a épargnée en plein carnage, c'est qu'on tient provisoirement à sa peau

Il hoche ses trente kilogrammes de tête vide, s'entifle une nouvelle gorgée, et me regarde comme s'il pensait ou avait besoin d'éternuer. Tout compte fait, il s'en tire par un borgborygme.

Le timbre de la porte fait cling-clong.

Je vais ouvrir.

Me trouve pif à pif avec un long diable roux, bien sûr, mais qui en outre pue le flic au point qu'on va devoir ouvrir les fenêtres en très grand.

— Chef Inspecteur Aschling, il se présente.

Sa bouille osseuse et son regard à la Laurel ne me disent rien qui vaille.

— Honoré, réponds-je. C'est à quel sujet ?

Il me défrime comme tu regarderais une série de masques avant d'en choisir un pour le carnaval.

— Puis-je vous parler ?

— Entrez !

Il pénètre dans le salon où Bérurier achève de lacer ses pompes au détriment de son fond de bénouze.

— Vous vous trouviez bien chez le docteur Martin de Parnell Street, il y a moins d'une heure ?

Au lieu de répondre par un yes franc et massif, je le prie de s'asseoir sur le canapé. Il hésite, puis consent après avoir ôté son chapeau.

— Qui est le docteur Martin ? demandé-je en parfaite innocence.

— Je crois que je n'ai pas entendu votre réponse, fait Aschling (et pour aschlinguer, cézigue, fais-lui confiance, y'a des tas de fumier dont le parfum ensorcelle comparé aux effluves du collègue) ; vous trouviez-vous chez le docteur Martin de Parnells Street, il y a moins d'une heure ?

— Qui vous a raconté ça ? m'obstiné-je à biaiser.

— Quelqu'un qui vous a vu sortir de chez lui et vous a suivi jusqu'au *Gresham*.

— Qu'appelez-vous « quelqu'un », inspecteur chef ?

— Un témoin, si vous préférez.

— Le vôtre est sujet à caution.

Aschling fait « tsttt tsttt » de la langue, comme un homme dont l'agacement va bientôt soulever le couvercle de la marmite.

— Monsieur, déclare-t-il, vous devez répondre par oui ou par non à la question que je vous pose.

— De quel droit me parlez-vous sur ce ton, monsieur le chef inspecteur ? m'insurgé-je. Je suis votre homologue français, le commissaire San-Antonio !

Il ne paraît pas pétrifié par le respect.

— Ici, nous sommes dans la République d'Irlande, objecte ce fils de fermier qui ne sent plus l'étable, mais la ménagerie.

Il est clair qu'il va se fâcher tout blanc (rouge non : il l'est naturellement)...

Et puis non, il n'explose pas, du moins pas complètement ; y'a que sa tronche qui explose. Mais alors, bien ! Te dire comme : sa cervelle est instantanément dans son chapeau, sur ses genoux, tandis que son nez, ses joues, sa bouche pendent sur sa poitrine comme un masque de caoutchouc arraché.

Bérurier qui buvait à la cantonade, à la régalade, à l'œil et au goulot, avale sa lampée d'un formide coup de glotte. Puis il s'approche du mort tout neuf et fait la grimace. Moi je vais jusqu'à la baie ouverte sur l'univers de cours sinistres dont je t'ai parlé en début de chef-d'œuvre. J'ai le temps d'apercevoir, à quatre terrasses de la nôtre, un gonzman en imper et chapeau qui saute un mur. Plus personne. Une seconde, j'ai l'idée de m'élancer, mais le tireur a trop d'avance sur moi.

Alors je rentre dans le salon pour décrocher le bigophone et demander Paname.

Le Gros n'a pas proféré une syllabe. Il va et vient, continuant de tartiner sa biture de la veille au whiskey de sept ans d'âge. On n'a pas envie de blablater. Il nous arrive un truc fumant, une dégueulasserie de haut style. Pour se dépêtrer d'une merderie pareille, il convient de conserver la tête froide.

Dreling, dreling.

Le Vieux est laguche, bien peinard, bien puissant, et d'un tel je m'enfoutisme qu'on se demande si cela vaut le coup de lui déballer notre problème. Y'a sûrement un pèlerin dans son burlingue car il parle à côté de sa bouche.

— Oui ? il dit, comme d'autres disent merde.

— Je voudrais vous demander un conseil, monsieur le directeur.

— Cela ne pourrait pas attendre ? Je suis occupé.

— C'est-à-dire que je risque de ne plus pouvoir vous le demander avant plusieurs années.

Il a un clappement d'impatience. Son envie de raccrocher est si nette que je vois trembler la fourche de mon appareil.

— Je vous écoute, décide-t-il pourtant.

— Que doit-on faire lorsqu'on vient de participer à une hécatombe ayant causé le décès prématuré de sept personnes et qu'un tireur d'élite a démoli d'un coup de fusil le chef inspecteur venu dans votre chambre d'hôtel pour vous demander des explications ?

Il en faut beaucoup plus pour entamer son self-contrôle.

— On se débrouille par ses propres moyens, mon bon ami ; vous n'espérez pas que je vais contacter mon homologue irlandais pour lui demander de vous emmener pêcher le saumon ?

Ma médusance le ramène à de justes sentiments car, d'une voix radoucie, il s'informe :

— Vous êtes très très ennuyé ?

— Non, réponds-je, je nage dans l'euphorie.

Là, ma voix sarcastique l'inquiète :

— Mais quoi ?

— Rien, monsieur le directeur, je crois devoir vous dire que je vous tiens pour un vieux con.

Et je raccroche.

Bérurier vient à moi et pose sa grosse patoune sur mon épaule.

— C'est bien, l'Antoine, me dit-il d'un ton chaviré. C'est très bien. Depuis l' temps qu' ça t' démangeait... Indéfiniment, c'est trop. Le jour vient toujours que ton cœur coupe la parole à ta raison. Et puis y dit c' qu'il a t'à dire. Et puis quoi, la vie, hein ? Elle s'rait quoi t' est-ce si, d' temps à aut', tu n' pouvais pas traiter les cons d' cons et les salauds d' salauds ?

« Toujours s' croire forcé de sucer la bite des grands, d' leur laver les nougats, tout ça... On leur a donné d' mauvaises habitudes, ensute, y gueulent au charron quand on veut les en corriger. Y se croivent dépouliés. Y s' prennent pour des martyrs : Sainte Blédine, Saint Félix-Potin, toute la séquelle...

— Il va falloir faire face, soupiré-je en considérant le cadavre du chef inspecteur Aschling. Cézigue ne doit pas être venu tout seul à l'hôtel. Une bagnole pleine de ses archers l'attend en bas.

— Taillons-nous !

— Tu penses qu'on peut espérer aller loin, dans cette île, alors que notre véritable identité est connue ? Fuir, c'est s'avouer coupable.

— Non, rectifie mon ami : fuir, c'est conserver sa liberté.

CHAPITRE IX

Fuir, c'est conserver sa liberté

L'ascenseur nous sansencombre jusqu'au sous-sol. Je déniche un couloir qui sent la lessive, puisqu'il longe la buanderie de l'hôtel, et trouve une issue débouchant pile en face du garage où l'ancien rouquemoute déguisé en chauve procède au lavage d'une Bentley noire. Le bruit fouetteur de son jet, conjugué aux vociférations de son transistor, l'isole du monde sonore. En plus, il chante en gaëlique à pleines cordes vocales, et le gaëlique, quand tu l'hurles, c'est pire que dix métiers à tisser en action.

Le garage possède deux portes dont les rouleaux de fer rouillés pendouillent tristement. Ces ouvertures sont séparées l'une de l'autre par le box de lavage. Nous empruntons celle qui me paraît la plus propice à une entrée discrète. J'ai retapissé, tout à l'heure, un coin de l'immense local, où les voitures sont blanches de poussière, c'est vers ces bagnoles provisoirement en vacances que je me dirige. J'en visionne quelques-unes avant de faire mon choix, et j'opte pour une Rolls Phantom située au troisième rang du troupeau. La clé de contact est au tableau. Je la tourne à demi, l'antenne de radio monte immédiatement ; donc elle est parée quant aux batteries. La jauge d'essence, sans être franchement optimiste, indique qu'il y a de la coco dans le calumet.

— On prend ce carrosse, soufflé-je au Mastar. Plus nous serons voyants, plus nous passerons inaperçus.

Il n'objecte pas.

M'aide à dégager les deux tires de devant pour pouvoir sortir le tas de ferraille. Après quoi, nous les remettons en place. Selon moi, l'emprunt que nous venons de faire n'est pas près d'être découvert. La Rolls (comme quoi, quand tu t'associes, vaut mieux mettre ton blaze en première position. On dit volontiers une Rolls, et plus rarement une Rolls-Royce. Dans ce mariage princier, c'est sir Royce qui l'a eu dans le baba) est immatriculée en Grande-Bretagne. Elle doit appartenir à quelque opulent homme d'affaires anglish qui ne l'utilise qu'épisodiquement, quand il vient en Irlande. Nous arqueboutons (de culotte) pour la pousser à la pogne jusqu'à la street, pas que le bruit du moteur (très ténu d'ailleurs) ne soit réverbéré par l'ampleur du garage.

Le gonzier chante toujours la beauté du soir qui tombe sur la baie de Ballylickey.

Je grimpe à bord du contre-torpilleur et j'actionne le démarreur. Pas besoin de lui gratouiller le bitougnot pendant cent-sept ans ! Tout comme ta bonne femme, il démarre au quart de tour. Un vrai beurre. Le Gravos me rejoint sur la passerelle. Pare à virer ! On kip to the left.

***

— Note, soupire Béru, que la balle qu'a composté la cervelle du flic a été tirée d' loin, par un fusil à besicle, et que c'est facile à prouver. Qu'ainsi donc on eusse été blanchis.

— Blanchis, nourris et logés, complété-je, car tu oublies le massacre de Pernell Street.

— Aller où ? soupire « l'Obaise ». On s'rait en nuéréssès ou aux zuéssa, qui sont des magasins à grande surface, on pourrait se planquer, mais dans c't îlot...

— Pas de défaitisme, Gros, je te prie, ce n'est pas dans ton caractère.

On roule peinardos calmos dans une banlieue modeste qui se déguise vite en campagne pauvre. Les routes sont étroites, peu encombrées. Une confuse nostalge m'empare. Le regret de je ne sais quoi, de je ne sais qui... J'évoque ces meurtres de tout à l'heure, si rapides. Cela s'est passé d'une façon folle. Un peu décousue. Et il me reste à l'âme une espèce de plaie qui s'infecte.

L'emmerde, avec nous autres poètes, c'est que lorsqu'on a de la peine, au lieu de la chasser on lui cherche un titre...

Bérurier, fouille-partout de première classe, est en train d'explorer la boîte à gants de la Royce (je fais une petite compensation).

— V'là les fafs de la tire, annonce-t-il.

Il me présente la carte grise. J'y apprends que « notre » véhicule est la propriété de sir Baston, demeurant à Glenbeigh dans le comté de Kerry. Le Mastar extirpant maintenant une carte d'Irlande, je le prie de me chercher cette localité.

Crois-moi ou vas te faire réciter le *speculum vobiscum* dans le texte, mais Béru parvient à dénicher cette aimable localité sur la vaste brêmouze déployée, ce qui constitue un exploit de sa part, ou de la part du hasard. Drivant à une allure de sénateur, il m'est aisé de mater la carte et de constater que Glenbeigh est situé dans le sud-ouest de l'Irlande, tandis qu'Oughterard se trouve dans l'ouest. Une centaine de miles doivent séparer les deux localités. Pour lors il me vient une idée. Et je te la livre *in extenso* (grenue). Je me dis les trucs ci-dessous, deux points, ouvrez vos portugaises.

Ce sir Glenbeigh possède une propriété en Irlande. Il y vient de temps à autre et débarque à Dublin où il trouve sa Royce-Rolls (toujours mon souci d'équité). Au volant de sa tire, il rallie (de Monte-Carlo) sa demeure de la côte atlantique. Il y a peut-être, pour les deux pauvres hommes traqués que nous allons devenir dans un peu moins de pas longtemps, une partie de culot assez chouettarde à jouer.

Alors, Françaises, Français : jouons-la!

C'est pas un château. C'est plus joli qu'un château. Plus petit. Ravissant, intime, plein de vigne vierge. C'est en pierres grises. En ardoise noire. Cela possède des fenêtres à meneau, des petits carreaux. C'est posé sur une grande pelouse verte qui descend jusqu'à la rive d'un lac sauvage, aux eaux violettes et noires. Il y a de la forêt alentour. Ça ferait la couverture de *Houses and Gardens* comme rien.

Une simple chaîne en interdit l'entrée Te dire... Bérurier va déchaîner et nous avançons jusqu'au petit perron débordé par la mousse. Toute proche, est une maisonnette de gardien. Une gentille vieille dame tricote sur le pas de sa porte, dans un rayon de soleil destiné à la côte française et puis qui s'est peaumé en route. Elle se dresse en apercevant la Royce et, comme l'écrivait mes chosefrères du siècle dernier et du seizième arrondissement, la plus vive stupéfaction se peint sur son visage.

A bibi d'interpréter le grand numéro!

Je descends, un sourire comme une tranche de pastèque primée met en évidence l'exceptionnelle denture dont je.

— Hello! Hello! je brame.

La dame m'arrive tout contre, l'air très vraiment sidéré.

— Mais, sir Hugh n'est pas avec vous ? elle s'étonne.

— Non, il viendra d'ici une quinzaine, dis-je, je suis son neveu de France.

— Oh ! le fils de cette pauvre lady Smoule ?

Tu te rends compte si j'ai du bol, Méphisto ? V'là que le rosbif a vraiment un neveu français.

— Je vous ai connu tout petit, m'assure la vieille. J'entends encore votre accent lorsque vous m'appeliez « Madame Mary ».

Et cette brave bique imite l'accent français qu'a de quoi se l'extraire et se la mordre sans recracher les pépins ! Elle cause cul-de-poule, en essayant de faire chanter les finales, comme si un coq voudrait entonner la Marseillaise sur son tas de fumier.

— C'est Ann qui va être contente, elle enchaîne. Vous aurez du mal à la reconnaître. Ann ! Ann ! Viens voir qui est là !

Une nana se pointe de l'arrière *of the house*. Une fille plutôt pas mal que pas belle, sans histoire, irlandaise : peau blanche, tifs châtinoches-rouquemoutés comme toutes ; elles sont tirées au papier carbone, ici, les gerces ! Duplicata, photocopie ! Tous droits de reproduction réservés à la verte Erin.

Elle s'avance, l'air un brin sauvage, le regard en phare d'ambulance.

— Ann ! C'est monsieur Roger (elle prononce Rodgeur, la mère Mary, tu penses bien !). Tu te remember les belles parties que vous faisiez l'année où sa pauvre chère maman est décédée dans ce naufrage ridicule ?

Parties de quoi, j' me demande : touche-zizi, ou colin-maillard ?

Ann me murmure un « Hello » intimidé.

Ici, la louche serrée, ça ne se fait pas chouillet. Je me réprime la pogne, pas sembler trop familier.

— Bonjour, Ann, je gazouille, je suis très heureux de vous revoir. Êtes-vous mariée ?

La maman intervient comme un joueur de rugby plonge sur la balle pour la bloquer.

— Sir Hugh ne vous a pas dit ?

— Nous nous sommes vus très brièvement, plaidé-je.

— Ann a eu des malheurs, je vous raconterai cela.

Elle se tourne vers Sa Majesté.

— Monsieur est un parent à vous ?

— C'est mon valet de chambre, dis-je.

— Ell' cause de moi ? s'inquiète le Mastar.

— Je lui expliquais que tu étais mon cousin germain.

Il sourit et cligne de l'œil à Ann, laquelle est suffisamment potelée pour l'émoustiller.

— Alors, nice môme, il la chambre, vouate dou you raconte tou mi de good ?

Ann recule, effrayée. Si tu veux mon avis, doit y avoir des cases noires dans la grille de son cervelet. Elle fait sauvageonne attardée, la mimiss. Le genre de greluse issue du croisement d'un bœuf avec une motte de beurre.

***

La crèche au sir Hugh, tu peux pas t'imaginer le confortabilisme dont elle témoigne, comme disent les revues spécialisées. C'est ancien, pimpant, délicat. On me donne l'appartement des invités : un deux pièces mansardé, chouilla tout plein, salle de bains à carreaux de Delft et robinetterie mérovingienne. D'un goût raffiné. C'est pas unique, dis, Nez-creux, de venir jouer les aristos commak, chez un sir que je ne connais ni d'Eve, nid d'abeille, et souhaite au grand surtout ne jamais rencontrer. Car, une supposition qu'il se pointe à l'improviste, le gars Hugh, c'est pour le coup que notre situation deviendrait inconfortable ! Là, y' a délit, non ? On est passible d'un tas de ceci-cela, et sans sursis moi je crois. Enfin, l'essentiel est de vivre l'instant comme l'a écrit ce con d'Horace dans les pages rosses du Larousse. Il s'agit de vivre la situation et de s'adapter aux nouvelles qui surgissent. Et ainsi la vie passe. Tu verras comme « jadis » vient vite, sans t'en apercevoir, par-derrière...

Alors, inutile d'en installer. Remise tes épates, Mec. Dis-toi qu'on est tous une bande d'incultes qui cherchons à nous éblouir. L'univers est plein de tordus qui se prennent pour Beethoven sans être capable de différencier une note de musique d'une note de restaurant.

Bérurier toque à ma lourde.

Il est radieux.

— Tu sais qu' j'ai un ticket av'c la fille d' la hutte, me dit-il. Tandis qu'é me grimpait à ma piaule, j' lui ai envoyé la paluche et elle a pas sourcillé du prose. Elle s'est farci les marches avec mes cinq vagabonds dans la raie, même qu' j' lu ai faite la pince d' crabe un pouce dans l'ogne, l'indesque dans le frifri. Et une fois qu'on est été arrivé dans ma carrée, laquelle, soite dit en passant, est beaucoup moins ronflante que la tienne, je l'ai bisouillée sauvage en lui déballant une portion de menteuse sauce gribiche pas piquée des s'hannetons. Tu croyes que mad'm'selle miss aurait rebuffé ? Malgache bonnot ! Elle s'est laissé accomplir textuellement, qu'on aurait eu un peu d' temps d'vant moi, j' l'embroquais superbe sur le coin du pucier, c'te splendeur. La seule chose, c'est qu'elle est pas très compatissante. C't' une péquenote, et irlandaise, c' qu'arrange pas. Toute une éducance à faire, quoi.

Le Mastar hoche la tête :

— J' la lui ferai, promet-il, pour peu qu'on reste quéqu' temps ici. Selon tézigue, on prolonge le séjour ou on n' fait qu'un coucher ?

— Je crois qu'on pourrait se servir de cette propriété en guise de P.C. Ici, nous passerons inaperçus : je suis le neveu de sir Hugh dont l'implantation dans ce comté remonte à la Guerre des deux Roses.

— Alors, va falloir se trouver du linge, on a tout laissé à l'hôtel.

— Nous irons nous acheter des falbalas à Cork, demain, aux aurores.

— La vioque doit êt' surprise qu'on s' pointe les mains vides ?

— Je lui ai dit que nos bagages n'étaient pas à l'aéroport et que Aer-Lingus nous les parachuterait dès qu'ils seraient retrouvés.

Tandis que l'aimable mistress Mary nous prépare une dégueulasserie de bouffement, j'explore la maison. J'espère en tirer un maximum de tuyaux relatifs à sir Hugh, car il faut que je rassemble quelque documentation sur le personnage si je ne veux pas que la mère Mary découvre notre imposture.

La chambre du lord est éloquente : cet homme vit seul, probablement est-il veuf ou divorcé. Son cabinet de travail-bibliothèque ne l'est pas moins : il est cultivé et écrit des ouvrages sur les émaux (ce qui ne signifie pas automatiquement qu'il soit camé). Des photographies de lui le montrent, au temps des cherries (et des chéries), jouant au tennis ou naviguant à bord d'un voilier, bel homme au visage étroit et haut comme un autobus londonien, chevelure brune coupée d'une raie médiane, sourire sceptique, posture blasée, œil qui ne s'arrête que sur l'arrière-boutique des choses.

Le salon, tu l'as deviné sans pelle, est un musée consacré à l'émail, depuis les maille-à-partir, jusqu'aux mailles à l'envers, en passant par l'émaux croisés. Moi, je ne suis pas fana de collections. Question de tempérament. Collectionner est prétentieux, c'est se donner l'illuse de l'immortalité. Je suis toujours apitoyé lorsqu'un pote prend son foot avec une collection de timbres, de bagues de cigares, de jetons provinciaux, de préservatifs royaux, de porte-clés ou de Bugatti. Grouper des choses de même nature, c'est préparer leur dispersion future. C'est mettre dans un récipient le grain à semer. Toute acquisition d'objets précieux est le prélude à leur vente. Personne n'a jamais rien conservé au-delà de quelques générations.

T'es content ? Moi aussi ! On hérite jamais qu'une chose : la vie !

Et on la lègue avant de mourir, c'est le plus joyeux des héritages.

Tu veux que je te dise ? Youpi !

Béru fait semblant de lire un journal. Du moins en regarde-t-il les images.

— As-tu remarqué, me dit-il, qu'il y a toujours au moins un Noir dans une équipe de foute-bâle ?

— C'est vrai, conviens-je, surtout dans celle du Zaïre.

Il me brandit une feuille de chou trouvée sur une table basse.

— Mate ce noirpiot comme il fait bizarre au milieu de parmi tous ces blondasses.

Je coule un œil distrait au canard.

Un visage d'ébène (pour user d'un cliché en négatif) me sourit, il est bien planté parmi une dizaine de connards dont les cheveux tombent jusqu'aux chaussettes, car, j' sais pas si t'es d'accord, mais depuis déjà lulure les foot-balleurs ressemblent à Louis XIV, si bien que la photo d'une équipe, tu croirais une couvrante pour le catalogue de la Pléiade. Un peu comme si La Fontaine, Molière, Racine et compagnie s'étaient mis en culottes et maillots rayés.

Je rends le journal à mon commensal (comme un peigne) en l'honorant d'un hochement de tête qui peut passer, dans les cas désespérés, pour un branlement de chef.

Mais, à contretemps quelque chose me télescope les cellules grises. Je lui arrache le baveux. Mate la manchette, la date. Le laisse tomber au tapis.

— C'est pas la politesse qui t'étouffe, remarque Sa Majesté en ramassant le journal.

— Tu n'as rien remarqué en feuilletant ce canard, Gros ?

— Si, me dit-il, des cons l'ont imprimé en anglais.

Il roule en connerie pleins-phares, le Mammouth. Sortez-vous de devant, blanches z'oiselles, car trop de sottise éclabousse.

Il a repris l'examen des photos. Il mouille son pouce pour mieux tourner les pages. Il est paisible, confortable dans sa torpeur animale. Mais si gentil...

— Gros !

— Mouais ?

— Mate le titre de ton baveux, je te prie.

— *Manchester Tribune*, ânonne le polyglotte.

— Manchester est en Angleterre et ce canard est daté d'hier.

— Alors ?

— Alors nous nous trouvons dans le sud de l'Irlande !

— Merci du tuyau ; mais j' voye mal ce qu'a de rare dans tout ça. T' sais qu' les abonnements, ça eguexiste ? La vieille en a un au *Manchester Tribune.*

— Elle est irlandaise et n'a probablement jamais vécu ailleurs que dans ce bled ! Je te parie qu'elle se fout de Manchester, presque autant que toi.

— Alors sa gamine ?

— Sa gamine n'est capable de lire que *Ciné-Revue* ou, à la rigueur extrême, les albums de Tintin.

Sa Majesté, déroutée, renifle fortement pour signaler son désarroi mental. Elle ne pige pas où je veux en venir, ni pourquoi ce canard britannique me tracasse.

— Ben accouche ! il me bouscule. Av'c ta pomme c'est toujours l' mystère d' la chamb' jaune, quoi, merde !

— Quelqu'un d'autre que les deux femmes habite ici. Quelqu'un que la ville de Manchester intéresse, soit parce qu'il en est natif, soit parce qu'il y a des intérêts...

— Le sir Arthur, p't'êt' ?

— Il ne vient ici que de temps à autre.

— Et alors ? Suppose qu'y veuille pas rater un seul numéro d' ce canard ? Y l'aura pris un abonnement pour êt' certain d' l'avoir toujours à disposance, qu'est-ce il aurait à branler du prix d'un abonnement, plein aux as tel qu' j' le conçois ! Le lusque c'est le gâchis, mec. Car tout c' qu'est pas superflu est nécessaire !

Là-dessus, un bruit de pas retentit. Solide. Et un grand gaillard couperosé, que tu jurerais Watson, fait son entrée de théâtre. Il est en tenue de pêche, sauf qu'il a ôté ses cuissardes avant de pénétrer au salon. Il mesure un bon mètre quatre-vingt-douze, que je te laisse le soin de convertir en pieds et pouces, car je n'ai pas mon indicateur des chemins de fer, non plus que ma table de logarithmes Louis XIII sous la main Il a un très long nez et des oreilles qui ressemblent à une installation stéréo. Son regard est du genre agressif. Ce mec, il regarde la vie comme s'il croyait à un piège et les gens comme s'ils avaient l'intention de le revolvériser.

Sa surprise est évidente. Il nous toise alternativement, sans un mot, en retroussant sa lèvre supérieure, façon dog allemand quand minet s'approche un peu trop de son écuelle. Il porte un râtelier anglais dont toutes les ratiches sont aussi uniformes que les touches blanches d'un piano.

— Hello ! lâché-je joyeusement.

Je viens à lui, main tendue, l'air aussi joyeux qu'un gus qui vient de gagner au loto.

— Je suis Roger, le neveu de sir Hugh.

L'arrivant pue le poiscaille, ce qui prouve qu'il est peut-être mauvais semblable, mais du moins bon pêcheur.

Il me file un peu de gluance de truites dans la paume et murmure un « hello » sans conviction.

— Voici Béru, mon factotum, annoncé-je en montrant l'Ignobliure, vautrée (voire même bœufée) sur le canapé.

Le truiticide acquiesce.

Mais comme s'il ne croyait pas une broque de ce que je lui bonnis.

— Mon nom est Coy, me confie-t-il, à regret.

Alors l'Antonio décarre au culot :

— Je sais, oncle Arthur m'a parlé de vous. Vous êtes de Manchester, n'est-ce pas ?

Un bon point pour moi, embonpoint pour Bérurier Enfin, le masque hostile du rosbif cesse de ressembler à un masque pour danseurs funèbres des

Iles de la Sonde (urétrale). Quelque chose qui ressemble à de la satisfaction décrispe le gars Wallace. Sa lèvre retroussée retombe sur ses dominos.

Pour le coup, il réitère sa présentation.

— Wallace Coy, déclare l'aimable bonhomme, plus connu sous l'appellation de W.C. dans la police de Manchester où j'étais superintendant.

Je ne bénirai jamais assez le ciel (qui d'ailleurs n'en a pas besoin) de ce que j'ai la bouche disponible au moment où j'entends ça. J'eusse été en train de manger de la choucroute, par exemple, j'étranglais aussi sec.

— Mon... heu... oncle a bbbbeaucoup de d'estime ppppour vous ! parviens-je à articuler, ou horticuler j' sais plus.

— Il est de fait que j'ai eu l'occasion de lui rendre quelques petits services, déclare W.C., en mettant l'accent sur le mot « petit » pour laisser entendre combien lesdits services étaient grands.

Cette fois, tu sais pas ? Il rit ! Parole : il peut ! Merci, Wallace Coy !

— Il y a longtemps que vous séjournez ici, cher monsieur Coy ?

— Deux ans déjà, depuis ma mise à la retraite, quoi.

— Ah, bon, donc, vous... Vous habitez positivement Glenbeigh ?

— Je m'y plais tellement. J'ai toujours été passionné de pêche et ce pays est le paradis de ceux qui aiment lancer la mouche !

Il tourne son panier à poissons qui lui battait les noix, de manière à le placer sur son ventre, et en soulève le couvercle. Quatre truites mesurant trente bons centimètres reposent sur un lit de roseaux.

— Félicitations, mon cher !

— Et encore, aujourd'hui ça ne mordait pas franchement.

— Vous devez vous régaler ?

— Quelle horreur ! Nous donnons cela aux chats ; Mary sait trop bien accommoder la panse de brebis pour que nous mangions ces fades salmonidés qui ont un goût de papier buvard détrempé.

Et puis il la boucle parce que le téléphone gazouille. Moi, j'ai mes défauts, une nouvelle Jaguar, du succès auprès des dames, un crochet du droit qui a fait la fortune d'un tas de dentistes, mais plus que tout j'ai des prémonitions. Ce qui n'est pas à la portée de toutes les bourses, comme disait un nœud-nuque.

Le gazouillis de ce turlu, je te parie, ma chérie, le truc que t'aimes tant contre celui dont je raffole, que c'est de la merde par interconnexions qui va nous choir sur les tympans.

L'aimable W.C. se dirige vers l'appareil.

Bérurier qui n'a pu suivre notre converse, du fait qu'elle a eu lieu dans la langue des Beattles, me lance une œillade interrogative.

— Ce gonzier est un poulet à la retraite, ami du taulier, l'affranchis-je.

— Hello ! tonitrue l'ex-super-intendant.

Il écoute et beugle :

— Oui, je suis W.C. ; en effet, l'écoute n'est pas fameuse. Vous direz à sir Hugh de parler fort ! Passez-le moi.

— Catastrophe, dis-je au Gros.

Il a pigé, Césarin.

Et je dois reconnaître qu'il se comporte toujours très bien dans les situations particulièrement délicates.

Il se lève, posément. Exécute un mouvement

roulant des épaules pour se décontracter les deltoïdes.

— Hello, sir Hugh ? jette joyeusement W.C.

Et puis voilà tout ce qu'il peut articuler vu que mister Babar vient de lui parachuter un O.V.N.I. à travers le portrait. Il s'y est pris de telle sorte que l'écouteur éclate contre la tempe de l'ancien super-machin. L'autre descend à dame, l'oreille garnie de tessons d'ébonite.

Béru frotte son poing écorché à son pantalon. Puis il saisit le fil du bigophone, le suit jusqu'à la prise murale, arrache le tout, rrranh !

Il n'ose plus me regarder.

Je me penche sur le grand rosbif groggy.

« Bien, me dis-je à tête reposée, ainsi va la vie, l'harmonie n'est pas toujours constante sur cette terre. Nous ne sommes que des hommes ballottés par les circonstances. Lorsqu'ils croient assurer leur destin, celui-ci se mue en sable et tombe de leurs mains... »

C'est beau, non, de penser des choses aussi élevées à un moment critique ? T'en as qui diraient : « Merde, quel foutoir ! On l'a dans l'os ! » Voire des trucs encore plus mal embouchés. Eh ben, l'Antonio, au contraire, il sent son esprit qui fait du deltaplane. Il devient souverain.

Le gars W.C. respire comme une locomotive haut-le-foot. Mme Mary entre pour annoncer the dinner.

CHAPITRE X

Mme Mary entre pour annoncer the dinner

Elle est consternée, la pauvre dame chérie, en apprenant que Mister W.C. s'est pris les nougats dans un pli du tapis, tandis qu'il téléphonait, et qu'il s'est pété le bocal contre le coin de la table.

On lui dit que ça ne sera pas grave. Et, hop, Béru et moi, nous drivons le commotionné jusqu'à son dodo. Mesure provisoire. L'ex-superintendant va récupérer et rameuter la garde ! Si on ne le neutralise pas, cela risque d'engendrer des conséquences fâcheuses pour notre quiétude bourgeoise. Pendant que mister Gradube le veille, je bombe jusqu'à la salle de bains de sir Hugh où j'ai aperçu une pharmacie. Tout lord d'un certain âge possède fatalement des somnifères, car seuls les plébéiens dorment naturellement. L'insomnie est le tribut que les riches paient à la fortune. On dort bien sur un lit de paille, rarement sur un matelas de banknotes, cela dit, j'aime mieux veiller riche que dormir pauvre, car si le pauvre peut mettre son sommeil à profit pour rêver, le riche peut, quant à lui, user ses insomnies à faire des projets. Et voilà !

Une boîte plate contenant douze comprimés me paraît apte à mes noirs desseins. Il y est dit, recto-verso, qu'un demi-comprimé t'assure une nuit enchanteresse. Je pense qu'avec six, l'aimable pêcheur de truites sera *out* pour un bon bout de temps. Nous délayons iceux dans un peu d'eau, et profitons de ce qu'il reprend un peu conscience pour lui faire avaler la potion d'oubli. Il nous dit merci et repart à fond de train dans les tunnels de son subconscient. Et voilà !

Mme Mary est fort aise (et non Forez comme l'assurent les merveilleux habitants de Montbrison) de savoir l'ancien poulet sur le chemin de la guérison. Tandis qu'elle nous sert un délectable repas composé de tétine trop cuite accompagnée de patates trop crues, le tout arrosé d'une crème à la rhubarbe, je l'inter-vieille à propos du blessé. Au début elle rétisce un peu, la daronne. Mais, le ton tournant à la confidence aimable, elle finit par nous dire que Wallace Coy est une vieille peau de vache et qu'elle ne comprend pas « mon oncle » qui lui accorde le gîte et le couvert depuis si (et pour si) longtemps. Un pique-assiette de première grandeur, grigou, grincheux, taciturne.

On délecte son repas. Puis c'est la dorme bien méritée après tant d'émotions, que je sais pas si tu mesures toute leur intensité. Et voilà !

Je gaze un peu parce que qu'est-ce t'en as à branler de ce qui se raconte en détail, et le dessert dégueulasse, et itou de Béru qui va calcer la fille givrée au clair de lune irlandais, manière de se mettre à jour les tempéraments ?

W.C. en écrase super dans son lit de vieux truiteur. Le téléphone est en rideau. A défaut de la vie, on a la nuit devant soi. Alors je me paie une partie de pucier comme y'a longtemps que pas. Et si je te disais qu'il est midi tout net lorsque je me réveille le lendemain morninge. Des corbeaux croassent dans le verger. Une petite pluie océane cingle les vitres de ma turne.

En Irlande, j'oubliais : ils pratiquent pas beaucoup le volet, ce qui est royalement con dans un patelin où les jours sont plus longs que chez nous. Je m'offre une longue douche, remets mes fringues de la veille et descends pour breakfaster. Bérurier n'est pas dans les parages, par contre, un monsieur qui ne m'est pas entièrement inconnu mange des œufs au bacon et des petites saucisses grillées. Il porte une veste intérieure écossaise dans les tons blanc-gris-noir, en écoutant parler de nous à la radio. C'est un homme au visage fin et délicat, peau très fine, très pâle, cheveux poivre et sel.

— Hello ! me dit-il fort civilement, comment êtes-vous, mister Santonio ?

— Très bien, merci, et vous, sir Hugh ?

***

Tu n'es pas un surdoué, pourtant tu dois bien comprendre qu'une fois ces deux répliques échangées, il nous reste beaucoup de choses à nous dire, lord Hugh et moi. Cet homme est très beau, racé, séduisant, efféminé. Bon, lord je veux bien, ça rend précieux, mais pas besoin de lui mettre un grain de sel sous la queue pour piger d'emblée qu'il en est pire qu'Henri III. En tout cas, il a beau batifoler dans la vaseline, ça n'ôte rien à son self-contrôle. Il comporte avec une nonchalance pleine d'élégance, le geste gracieux, la voix qui fait « haoeu haoeu » au fond de la gorge avant de sortir.

— Comment trouvez-vous Glenbeigh ? s'inquiète lord Hugh.

— Aussi passionnant que vos ouvrages sur les camées.

Il a une amorce de courbette pour me donner quitus de mon compliment.

— Qu'est-ce qui me vaut le plaisir de vous accueillir ici, mister Santonio ?

— Les circonstances, mylord.

— Votre visite n'était donc pas... heu... préméditée ?

— Absolument pas. J'ai dû emprunter une voiture à Dublin, les papiers qui s'y trouvaient m'ont fourni votre adresse de Glenbeigh et comme il me fallait absolument un gîte... Je suis navré de vous importuner, croyez-le bien, et je ne demande qu'à vous dédommager du préjudice que je vous ai causé.

Il a une façon de grignoter un toast, unique au monde, l'Hugh. On dirait qu'il joue le rôle d'un lord anglais dans une pièce de Michèle Sagan.

— Je crois que c'est à Wallace Coy que vous en avez surtout causé, me répond-il. Que lui avez-vous fait prendre pour qu'il dorme de la sorte ?

— Quelques-uns de vos comprimés, mylord.

— Vous vouliez retarder l'instant de son réveil afin de gagner du temps ?

— En effet.

Quelque chose m'intrigue chez mon interlocuteur, c'est son profond détachement. Il marque un certain dédain pour cette aventure qui devrait cependant l'inquiéter. Il sait qui je suis, ce que j'ai fait, et au lieu d'alerter les bourdilles, il prend son breakfast en devisant avec moi

— Pourquoi êtes-vous venu, mylord ?

— Parce que j'étais intrigué, mon cher monsieur. Cette communication brusquement interrompue... J'ai essayé de rappeler, mais le téléphone était out. Alors j'ai appelé chez Mary où il y a une deuxième ligne. Quand elle m'a parlé de mon « neveu » et de l'accident de W.C., j'ai pensé qu'il était intéressant que je vienne voir sur place. Ce matin, j'ai pris le premier vol pour Cork, et de Cork ici un taxi...

Il a un léger sourire.

— Vous pensez que Wallace Coy dormira encore longtemps ?

— Il n'est pas exclu qu'il s'éveille demain seulement.

Le gentil lord tamponne légèrement sa bouche au moyen de sa fine serviette brodée.

— Et s'il ne s'éveillait jamais, monsieur Santonio ?

Je hoche la tête.

— Les laboratoires pharmaceutiques sont prévoyants, mylord, ils veillent à ce que l'absorption d'une boîte complète de leurs somnifères ne soit pas mortelle.

Hugh s'écarte légèrement de la table pour amener à soi un coffret empli de cigarettes à bouts dorés, comme on n'en fume plus depuis cent ans. Il en allume une.

— Je crois que vous vous êtes mépris, monsieur Santonio. Ma phrase n'exprimait pas une crainte, mais un espoir.

Oh dis donc, ce qu'il ne faut pas entendre sous le ciel irlandais !

Voilà qui illumine la situation pleins feux. Les projos sonnent à toute volée, comme les cloches le matin de Pâques. Je pige tout, ou presque. Une fois que t'as bien compris le mécanisme humain, plus rien ne t'échappe des bizarreries de l'existence. Tu fais la check-list, c'est pas coton. Quatre ou cinq grandes options salopiotes en référence. Selon, tu procèdes à un rapide montage. Portrait-robot de l'âme. Et t'as la solution qui te choit contre.

Le regard imprenable du lord passe sur ma pomme sans s'y arrêter. C'est ce regard flou, viceloque et cachotier qu'ont deux femmes en train de deviser entre elles, lorsque le Jules de l'une d'elles inopine.

— Oh, mylord, soupiré-je, je crois deviner ce qui

vous motive. L'ex-superintendant vous fait chanter, probablement, à la suite d'une vilaine histoire de mœurs. Il s'est incrusté ici parce qu'il a barre sur vous. Vous êtes à bout de patience et vous souhaitez voir cesser ce déplaisant état de choses. Je suis un homme en fuite, compromis dans une sanglante affaire. Vous pensez me proposer votre aide en échange de la peau de mister Coy ; me trompé-je ?

— Vous êtes un homme extrêmement perspicace, mister Santonio, je n'ai rien à ajouter.

— Moi, si, mylord ; voyez-vous, il se trouve que je suis policier, et non assassin. L'affaire de Dublin n'est pas de mon fait. J'y ai joué un rôle purement fortuit. Si je suis en fuite au lieu de me disculper, c'est parce que je suis chargé d'une mission que je ne voudrais pas compromettre. Ne comptez donc point que j'équarrisse votre W.C. ; cela dit, comme je hais les maîtres chanteurs, je puis peut-être vous être utile différemment, c'est-à-dire en récupérant le ou les documents qui vous mettent à la merci de Coy.

Sir Hugh caresse le bout de son aristocratique nez du bout de son aristocratique index.

— Pourquoi pas ? murmure-t-il.

— Si vous pouviez me dire en quoi consiste la pièce fâcheuse qui trouble votre quiétude, cela m'aiderait à mettre la main dessus.

— Oh, c'est tout bête, fait mon hôte, il s'agit d'une simple reconnaissance de culpabilité.

— Coy habite-t-il encore Manchester ?

— Non. Il s'est installé ici définitivement. Il a d'abord fait à Glenbeigh un séjour de trois mois, ensuite il m'a prévenu qu'il comptait y demeurer tout à fait. Alors il est retourné là-bas liquider son appartement et prendre les objets auxquels il tenait.

Je réfléchis.

— Très bien, mylord, je vais essayer de vous donner satisfaction.

— Et en échange ?

— Accordez-moi l'hospitalité. Il me faut une retraite sûre pour quelques jours. Je vous promets de n'en pas abuser.

— Qui me prouve que vous respecterez ce marché, monsieur Santonio ?

— Rien, mylord. Je ne vous donne que ma parole, il vous appartient d'y croire ou non.

Cézigue déguste une gorgée de tea, que j'arrive pas à piger ce qu'ils peuvent bien prendre un pied terrible à écluser cette pisse d'âne diabétique, ces nœuds !

— J'ai confiance en votre parole, monsieur Santonio.

— Merci, mylord.

— Est-il indiscret de vous demander l'objet de votre séjour en Irlande ?

Il me pose cette question tout comme s'il s'inquiétait de ce que je pense du temps ou de la hausse des prix. Et moi, poussé par j'sais pas quoi ou qui, mon instinct peut-êtrement, je réponds :

— Je recherche un roi de la pègre américain qui a des ennuis avec la Mafia. Comme il est d'origine irlandaise, nous pensons qu'il a cherché refuge au pays natal...

Le lord sourit.

— Ne s'agirait-il point, par hasard, de Vernon O'Bannon ?

Alors là, il m'a jusqu'au trognezif, l'aristo. C'est magique une renversée pareille. J'en crois à peine tes oreilles. T'es sûr que je viens bien d'écrire ça, ahuri ? Tu ne serais pas victime d'hallucination auditive ?

— Vous connaissez cet homme ?

— Je l'ai connu jadis, nous jouions dans la même

équipe de rugby. Oh ! en amateurs. Nous avions seize ans. Il était natif d'Oughterard et moi j'étais au collège de Limerick car maman était irlandaise et, mon père ayant décédé précocement, elle tint à m'élever dans son pays. Un garçon ma foi assez curieux, ce Vernon : froid et déterminé, avec des explosions brutales. Il me fascinait.

Un coup de béguin, sûrement. Cette vieille pédale blasonnée en pinçait pour O'Bannon. Les durs font toujours mouiller les tantouzes.

— Vous ne l'avez jamais revu depuis lors ?

— Jamais. Peu après, il est parti aux Amériques, comme le font chaque année vingt mille Irlandais. Des échos de sa triste ascension me sont parvenus. Ici, on est fier des enfants expatriés lorsqu'ils réussissent, qu'ils s'appellent Kennedy ou O'Bannon. Vous le recherchez pour le livrer à la Mafia ?

— Au départ, oui. Mais depuis le début de mon enquête mon objectif s'est quelque peu modifié.

— Si bien que vous ne souhaitez pas tellement que lui soit appliquée la « solution finale » ?

— Cet homme m'est indifférent en tant qu'individu, ce qui me passionne, c'est de le rechercher et de le trouver. Puisque vous l'avez connu, aidez-moi au plan psychologique.

Le lord, pour la première fois, perd un peu de son impassibilité britannique (car impassible n'est pas français).

— Juste Dieu, dit-il, comme dans la comtesse de Ségur, vous aider de quelle manière ?

— En me livrant vos impressions à propos du personnage.

— Un garçon que je n'ai pas revu depuis bientôt trente-cinq ans !

— Tout homme est déjà complet au départ, mylord. Entre un adolescent et l'homme mûr qu'il devient, il n'y a qu'une pellicule de vernis et des ébréchures. O'Bannon possédait déjà sa démarche, son caractère, ses options fondamentales à l'époque où vous couriez ensemble après un ballon ovale. Tenez, je vais vous poser une question. Imaginez le garnement d'autrefois dans la peau d'un truand redoutable. Une Organisation puissante met sa vie en danger, il décide de se cacher ; selon vous, revient-il chercher asile dans son pays d'origine ?

Sir Hugh me propose un fin sourire pour tableautin du Dix-huitième, quand le marquis enjoué regarde sa mignonne fillette frisottée faire de l'escarpolette.

— Mon cher, O'Bannon n'est pas homme à se cacher, quelle que que soit l'importance de l'ennemi. Fuir, lui ? C'est im-pos-sible !

— Il a cependant disparu, et sa propre fille le recherche aussi en Irlande.

— On l'aura fait disparaître.

— Pourtant, ce sont ses ennemis qui m'ont lancé à ses trousses.

— Probablement en avait-il d'autres.

Il marque une telle conviction profonde que j'en reste perplexe. Il y a certainement du vrai dans ce qu'affirme lord Arthur. Et pourtant...

— Écoutez, mylord, supposons que O'Bannon, pour des raisons « x », ait décidé de se cacher en Irlande. De s'y escamoter littéralement. Quelle ruse aurait-il employée ?

Mon interlocuteur écrase sa cigarette de gonzesse levantine dans une soucoupe de nacre. Il contemple un instant sa main droite, oppose la peau de son pouce aux quatre autres doigts comme pour s'assurer du poli parfait de ses ongles et après quelques hochements de tête à vide, murmure :

— Si le Père O'Goghnaud vit toujours, c'est à lui qu'il conviendrait de poser la question.

— Qui est le Père O'Goghnaud ?

— L'ecclésiastique qui s'occupait de notre équipe, justement. Un sacré gaillard ! Vernon était fou de lui parce que le Père O'Goghnaud lui arrangeait ses incartades ; entre autres la fois où il a fracassé une bouteille sur la tête d'un demi d'ouverture adverse, après un match, parce que ce garçon lui avait flanqué un coup de genou au mauvais endroit au cours de la partie.

Il gamberge encore un instant, lord Arthur, les yeux du souvenir braqués sur les vapes du passé, et puis il redit avec plus de persuasion encore :

— Si O'Bannon s'est tourné vers l'Irlande, il lui aura été impossible de ne pas faire appel au père O'Goghnaud.

CHAPITRE XI

Il lui aura été impossible de ne pas faire appel au père O'Goghnaud

Tu suis un ravissant lac aux eaux gris-bleu posé dans un creux de montagne. Des moutons marqués à la peinture rouge paissent au long des rives galeuses. Nul berger, pas de chien. Les bêtes semblent abandonnées dans cet univers sauvage et désolé, où l'arbre est rare et les buissons malingres. Des roches biscornues donnent un aspect lunaire au paysage. Il fait beau, et pourtant le ciel reste de plomb. Je ralentis afin de croiser une roulotte conçue pour la scène du Châtelet et que tire un gros bourrin blanc. L'animal avance en paraissant maugréer contre les cons de vacanciers qui jouent « La Conquête de l'Ouest » en tirant sur son licou. Le cheval sait la prochaine halte et rêve de son avoine. Les gonzes-qui-t'adorent (en espagnol conquistadors), eux, ne savent rien puisqu'ils ont une carte routière dans leur autre main.

Ils jettent un regard nostalgique à « ma » Royce-Rolls et, un instant, regrettent leur vie confortable dans un pavillon de banlieue hollandais ou angliche.

Au bout du lac, la route décrit une grande courbe et je découvre le monastère de granit sur une éminence (grise). Plus près de toi, mon Dieu. Plus près du toit de Dieu.

C'est là que, selon mes renseignements, le Père O'Goghnaud se serait retiré, le grand âge venu, pour terminer ses jours dans la méditation et la lumière océane.

— Pas joyce, comme coin, bougrage mister Gradube après s'être entiflé une lampée de whiskey.

Il baisse la vitre pour restituer son flacon vide à la terre d'Irlande. La boutanche va valdinguer sur la tronche d'un bélier qui nous crie mééééérde avec l'accent gaëlique

On escarpe jusqu'au monastère pour stopper devant une poterne moyenâgeuse.

— Tu penses qu'on va trouver ton cureton ? fait Béru, moi, c'est curieux, mais j' le sens pas. Et tu me connais les pressentiments ?

Le gros défaitiste panoramise du regard sur la lande, le lac et, au loin, l'océan grisâtre. Il est morose aujourd'hui. La situation l'énerve comme un temps orageux énerve les taons. Il n'aime pas sir Hugh, n'est pas content d'avoir abandonné W.C. sur son plumard. Il di* que tout ça pue l'arnaque et qu'on risque d'encaisser des coups étranges venus d'ailleurs, du train où vont les choses. C'est pas franco. On patouille dans de la béchamel refroidie. La police nous recherche, on est coupé de tout et il rouscaille à propos de la décision que j'ai prise de rechercher O'Bannon et non sa fille. Il dit que je suis devenu pincecorné, le Mammouth. Et puis qu'après tout, merde, on devrait laisser quimper cette historiette dont on a rien à branler. Que ça finira vilainement une pareille équipée.. Que dès qu'on se met à marner dans l'ombre de la Maf, c'est un peu comme si on allait retenir une concession chez Borniol.

Il dit encore des choses. Beaucoup. Les dit ou les maugrée. Les mime. Les interjectionne. C'est un grand secouriste du langage, Bérurier. Le Saint-

Bernard du vocabulaire... Tout son être propose, radie, irradie. Une forte digression sans le Gros, c'est une omelette aux fines herbes sans œufs ! Il est plus qu'utile : indispensable. Car il est impensable, étant impensant.

J'actionne la chaîne rouillée reliée à une cloche qui, doucement, tinte. Cette volée de sons fêlés m'évoque des choses de ma petite enfance. Un château perdu où j'allais livrer le pain avec le boulanger du village. Sa guimbarde sentait la farine et le quignon chaud. Le château disparaissait sous le lierre. Une grosse vieillarde en blouse blanche et tablier à rayures venait ouvrir. Par l'entrebâillure j'avais le temps d'apercevoir une esplanade mal ratissée, et plus loin une pelouse où s'élevait la statue mutilée d'un lion d'attitude britannique. Et puis voilà, toujours les souvenirs prêts à engouffrer, à te ramener vers des instants perdus, ces cons. Ta pauvre mémoire flottaille éternellement sur un minuscule lac de larmes que tes reins n'ont pas filtrées. Elle n'est pas sombrable. L'émotion est étanche. Juste, elle a pas de gouvernail. Et ma plus grande appréhension c'est qu'après moi ma mémoire continue toute seule, cette charognerie. Que je putresce et qu'elle subsiste, manière de me faire chier le néant.

Un cric crac de verrou mal huilé. Un autre de serrure craquante. Et le père lourdeur est là, en robe de bure, les pinceaux fumants dans ses sandales, offrant un bout de visage enfouiné dans de la barbe rousse qui pue la transhumance stoppée.

Il me what do you want sans aménité. Je requiers le grand honneur de m'entretenir avec le chef-taulier pour un motif grave, personnel et urgent.

Alors, bon, on entre. Des voix déshumanisées cantiquent dans la torpeur pleine d'échos du monastère.

On traverse une galerie à colonnes. Le jardin qu'elle entoure est enchanteur. Une porte, une pièce aux dalles creusées par des siècles de semelles, avec des bibliothèques grillagées bourrées de livres chiants, et chiants en anglais, ce qui est pire que du Robbe-Brûlé. Une table ronde ; des chaises, un immense crucifix où le pauvre cher Jésus fait très anglo-saxon.

On poireaute un peu. Des corbeaux gazouillent dans les jardins du cloître. Ça chante toujours dans les profondeurs romanes. Gloire à Dieu tout puissant. Faut être drôlement feignasse pour venir célébrer le Seigneur en couronne, au lieu de lui actionner la grâce à travers les merderies de l'existence, tu trouves pas ? Facile de moiniller. Prières, ovomaltine, mâtines et orgues. Ça mène où ? Ce que ça doit lui casser les noix. le bon Dieu gentil, ces simagrées inutiles. Méditer, se recueillir c'est tout seul. Au plus fort de la vie, quand tu poinçonnes des tickets de métro, que tu frappes sur une enclume, que t'écris des santoniaiseries, tout ça, là oui, il prend un pied superbe de ta ferveur, le Barbu, mais Frère Dunœud, ou Sœur Méno. il s'en tartine, les chorales n'ont jamais fait avancer quoi que ce soit.

Un grand gaillard, encore jeune, l'air franc et hardi, se pointe. Il a pas les paluches enfoncées dans ses manches, mais il les tient accrochées par les deux pouces à la cordelière qui lui sert de ceinture.

Je lui déballe une fable expresse, pas dure à piger. Nous sommes les représentants d'une grande étude de notaire parisienne. Un ancien élève du père O'Goghnaud est mort, lui léguant un monceau d'artiche. Alors on cherche après le saint homme pour lui annoncer la bonne nouvelle et préparer les formalités. Le Supérieur décroche ses battoirs et les envole histoire de marquer son impuissance devant les desseins de la Providence. Hélas, le père O'Goghnaud n'est plus ici. Non, pas mort, du moins il ne pense pas ; mais son état de santé était précaire et quelqu'un de sa famille est venu le chercher, deux mois plus tôt, pour le prendre chez lui et lui assurer une fin confortable.

Béru qui ne pige de la langue de Shakespeare que ce que les autres ne veulent pas, comprend néanmoins.

— Il a mis les adjas ?

— Oui.

— Quant j' te disais que je l' sentais pas...

— C'est bonnard au contraire : ça signifie que notre copain est venu le chercher.

Je me tourne vers le costaud en robe de burne :

— Vous avez probablement son adresse, mon Père ?

— Bien entendu.

Mais il est drôlement déjanté du bulbe, le moine-chef. Ça l'aurait assez botté que O'Goghnaud enfouille son héritage pendant qu'il se trouvait dans ses murs. L'osier allait tomber en pluie dans la corbeille de la communauté, alors qu'à présent, c'est la family qui va mettre l'embargo sur la fraîche. Dire qu'il s'en fallait de quelques semaines, bordel de Dieu ! Tu parles d'un manque de bol-à-faire-les-tonsures !

Il se retire pour aller vérifier l'adresse de la nouvelle retraite du Père O'Goghnaud.

— Tu croyes qu' c'est l'O'Bannon qu'est venu chercher le vieux ?

— T'en doutes ?

— Y' s' le serait embarqué pourquoi, un vieux kroum abasourdi par l'âge ? C'est plutôt une étrave qu' aut' chose.

— Il devait avoir son idée.

Le retour du Supérieur nous ferme le clapoir. Il

tient un feuillet où sont tracées quelques lignes et l'agite afin d'en sécher l'encre fraîche.

— Vous devriez conseiller au cher Père de revenir parmi nous, dit-il. Je suis persuadé que notre communauté lui manque cruellement et que ses derniers jours connaîtraient une paix bien plus grande s'il était en compagnie de ses frères en Dieu.

Sous-entendu : son auber tomberait dans notre plat d'offrande et ça ne serait pas dégueulasse. youpi, whiskey pour tout le monde !

Mézigue, tout ce qui m'intéresse au plus vivement, c'est le bout de papelard où figure l'adresse. L'athlétique moine me le présente enfin. Je mate « Early Morning House » Oughterard.

T'as bien ligoté, l'artiste ? Oughterard, le pays natal de Vernon O'Bannon.

CHAPITRE XII

Le pays natal de
Vernon O'Bannon

Là-bas, le lac, ils appellent ça le « lough ».

Moi je veux bien, qu'est-ce que j'en ai à branler, entre nous, hein ? Les Anglais disent le « lake », mais y n'en ont pas, ces cons. Quant aux Écossemards, chez eux, c'est « loch » : comme quoi des goûts et des couleurs...

Toujours est-il que, tout de suite après Galway, t' as le lough Corrib qui commence et qui se met à trémousser dans ses roseaux. La route s'en écarte pour ne s'en rapprocher qu'à Oughterard précisément. Et encore, pas complètement. Faut parcourir deux trois bornes avant de retrouver cette sauvage étendue de flotte, piquetée d'îlots couleur de paille. C'est plein de zoizeaux aquatiques dont les cris suraigus te font tressaillir. Des barques, peu nombreuses, emmènent dans les petites anses poissonneuses des pêcheurs silencieux loqués de cirés. Le ciel est plus triste que partout ailleurs, pommelé léger, tout en camaïeu gris et blanc. Ça respire le calme inexpugnable, la sérénité tombale.

Je regarde un instant ce panorama d'un autre monde. Je sais que je me ferais tarter dans cette campagne chiatiquement belle, mais ça me rassure confusément de savoir qu'elle existe. Ayant dragué dans la contrée, je reviens au village, une sorte de station de vacances, avec des hôtels modestes, des boutiques de souvenirs. Les gens y vivent pénardos. On sent que le temps ne leur est pas marchandé. Tout ce qu'il ont à faire, c'est pas grand-chose en buvant de la Guiness, alors tu juges ?

Notre Royce ne fait pas sensation, car on en voit pas mal en circulation. Elle nous pose. La presse n'a pas diffusé nos portraits car elle n'en a pas, et tu peux compter que c'est pas en France que les bourdilles irlandais risquent de s'en procurer. On ne cause presque plus de la tuerie de Dublin dans les baveux du patelin. Les attentats, en ces temps troublés, sont, comme on dit dans les beaux livres, monnaie fréquente dans ce vaillant pays. Un flingage de plus ou de moins, si c'est pas vous qui le dégustez c'est un autre !

Bérurier ranime sa foi défaillante en nos étoiles.

— Et maintenant, comment tu comptes procéder, Mec ?

— Comme un chef, mon pote.

— Si on se clatapulte directo chez le gonzier, sur ses gardes comme il est, on risque d'effacer des coups d'arquebuse !

— Aussi procéderons-nous autrement, mon bon ami. Viens dîner, je t'expliquerai la chose en détail.

***

— Tu sais que ça te va impec, assure l'Infâmure en me regardant évoluer entre les rayons, dans un sens t' as raté ta convocation, mec.

— Je vous en prie, mon fils, le sermonné-je, il n'est pas convenable d'appeler « mec » un évêque, quand bien même l'Église donne de la bande.

Il est de fait que la soutane à liséré violet me confère une classe et une dignité que je suis fort heureusement à même d'assumer. J'ai un côté curie romaine, ainsi travesti.

Nous quittons le solennel magasin de Galway, fournisseur de messieurs les curetons où je viens de faire mes emplettes et repartons pour Oughterard avec Bérurier au volant, casquetté d'une gâpette noire à visière de plastique. Somptueux équipage en vérité.

Et qui affole le brave curé d'Oughterard quand il le voit stopper devant son jardinet où il est en train de déguster un verre de quelque chose.

Il est chenu, ce digne prêtre, courtaud, massif, avec un gros pif poilu.

Je me présente : Monseigneur Dugenou, chargé par le Vatican d'une tournée d'inspection dans les différents monastères d'Irlande. Je souhaiterais rencontrer un vieux prêtre retiré de la vie ecclésiastique : le père O'Goghnaud, qui paraît-il, nani nanère, nana lala et j'en passe. Voir blabla de circonstance, construit comme un musée Beaubourg, en plus solide toutefois. Le cher curé m'écoute en ponctuant de « yes yes, I see ».

Il « see » tout, comprend parfaitement... Veut ce que je veux. Est prêt à ce que je souhaite. Tout comme ce gars qui sodomisait un pauvre pour aller au-devant de ses besoins, il est décidé à tout faire pour me faciliter les choses. Un Monseigneur chez lui, dans sa petite cure à trois pennies ! Il en bave des ronds de barrette ! Il savait pas la chose possible. Se croit à Lourdes tout soudain.

Oui, il a appris qu'un vieux prêtre s'était retiré à Oughterard, chez ses neveux. Parfaitement : il connaît ces derniers : des gens extrêmement comme il faut de partout, bons catholiques, bons éducateurs, paroissiens sans reproche. Lui a un cabinet d'assurances et sévit dans la contrée, la dame joue de l'harmonium à la messe. Les filles sont élevées chez les Sœurs Karita de la Rédemption, les garçons, chez les Frères Troigros-de-la-Sainte-Restauration ; ce qu'on fait d'ultra mieux en Irlandie, quoi !

J'opine, tout en ressentant un confus désagrément. Car ça ne colle pas. Ces gens édifiants, établis depuis toujours dans le pays, ne correspondent pas à ceux que j'escomptais.

— Avez-vous rendu visite au père O'Goghnaud ? demandé-je au prêtre.

— Certes, mais son état de santé ne m'a pas permis de converser avec lui car il est dans un état très critique...

— Eh bien, mon cher fils, allons lui rendre visite et s'il ne peut parler, nous lui donnerons l'extrême-onction.

***

Il est vachetement joyce, le m'sieur le curé, de véhiculer en Royce. Il roule comme s'il était dans une Rolls, parole ! C'est lui qui guide mon chauffeur.

— *Keep to the left !* il lui dit.

Et Béru, docile, prend à droite. Tout ça, bien... Nerveux, mais bien. Je rectifie au mieux. La tuture roule sur fond de soir en préparation. Les mauves du crépuscule, tu sais ? Quand les indigos font place au chose-truc carmin qui fait tant mouiller les romanciers descripteurs ? Qu'ils t'en foutent des chiées de pages, les gueux. Comme quoi les vapeurs du soir qui retournent à leurs roseaux et l'émoi du jour mourant-mes-fesses. Le vrai vertigo, ils bichent, à tartiner de la sorte, s'enrubanner la plume de beaux chromos pimpants.

Le prêtre parle de ses ouailles, du nouveau calvaire offert à la paroisse par Mrs Nicecat, et tout, et bien, dans la déconnanche ecclésiastique. Il a la voix épaisse des trop-buveurs, l'œil qui gélatine, le teint en survoltage. Moi, je songe à mon petit numéro. Va-t-il mordre auprès des gens que nous visitons ? J'en doute. Si ceux-ci sont (et non saucisson) blanc-bleu, alors oui, peut-être. Mais si, comme tout à croire me porte, ils ont partie liée avec le mystérieux Vernon O'Bannon, ils vont drôlement la renifler, ma belle soutane des dimanches.

On parvient à Early Morning House, une gentille propriété, un peu moins Sam'suffit que les plupartes dans ce pauvre pays où les seules maisons valables sont transformées en hostelleries. Comme elle est d'assez fortes dimensions et peinte en blanc, comme il y a un bon bout de pelouse autour et que le lough Corrib sert de toile de fond, elle donne une relative impression d'opulence.

La Royce se range devant la porte cloutée de cuivre. Le prêtre et moi descendons. Pas besoin de frapper : on nous a vus et on s'avance déjà à notre rencontre. On, c'est la maîtresse de maison, une jeune femme délicieuse qui paraît sortie d'un roman des Brontë sisters. En la voyant, mon coeur qui n'a pas baisé depuis plusieurs jours ne fait qu'un tour et c'est bien suffisant vu l'état de marmelade dans lequel il se trouve instantanément à l'apercevage de cette ravissantissime dame. Pourquoi essayer de te la décrire : je mettrais fatalement à côté de la plaque. Une femme te plaît pas seulement parce qu'elle est belle ou qu'elle traîne à sa suite le cul du siècle. Elle te plaît à cause d'un quelque chose qui te touche, toi, et toi seul, directo, dans une région mystérieuse où l'âme et la viande opèrent leur jonction. Elle te plaît parce que tu reconnais en elle ce que tu espères confusément à l'état endémique. Elle t'apporte inopinément une qualité d'émotion rare. C'est trop coton pour ta cervellita, cette explication ? N'importe ; y'en a des qui pigent. L'essentiel, quand tu rédiges, c'est de savoir qu'au moins une personne te reçoit. Des crivailleurs sans public continuent d'écrire pour eux. Ça leur suffit, la branlette cérébrale. L'homme a la possibilité d'exister seul, à preuve l'onanisme.

Et puis marre, hein ? Moi, quand le fichtre du foutre m'empare, faudrait me finir au bazooka pour m'empêcher. Et encore, les mains sectionnées, je continuerais de délirer.

La dame non décrite est tellement exaltante que je vais tout de même porter à ta connaissance qu'elle est âgée de trente-trois ans, sept mois et douze jours, à vue de nez ; qu'elle est blonde extrême, quasiment blanc. Qu'elle a le teint très pâle mais irlandaisement semé de ces fameuses taches de rousseur qui sont, avec la Guiness, la principale caractéristique de ce beau pays chiatique, et que ses yeux, autant que j'en puisse juger à six mètres de distance, sont presque mauves, oui, attends, maintenant qu'il n'y a plus que quatre mètres vingt-cinq, ils le sont davantage, et à présent qu'elle est à un mètre seulement c'est confirmé cinq sur cinq.

Le curé fait les présentations.

— Voici Mistress Aïlikitt, monseigneur. Mistress Aïlikitt, permettez-moi de vous présenter monseigneur Dugenou (il prononce Diougéniou).

La formidablement plaisante madame rosit d'émotion, courbette tel que dans les Petites Filles Modèles, et soupire, comme en fin de panard, une phrase de bienvenue.

Dès lors, monseigneur Santonio place sa nouvelle historiette. Envoyé spécial du Vatican, il a bien connu le Père O'Goghnaud, jadis, quand il a fait une année d'anglais à Limerick. On lui a appris, au monastère, que le saint homme était retiré chez ses neveux. Il tient absolument à le voir une dernière fois avant de le retrouver chez Mister Bon Dieu, le plus tard possible.

La foutralement émouvante Médème Aïlikitt tortille ses doigts fuselés. Tonton est *very ill,* près de clamser incessamment et même plus tôt. Une lampe qui s'éteint. L'âge, les privations. Mais enfin, un monseigneur, hein ? Elle va lui annoncer avec ménagement. Voir si...

Un petit garçon rouquin comme son con de papa (puisque sa mamam est plus blé que nature) tournique autour de la Royce en demandant si c'est une Rolls. Béru, promu chauffeur du clergé, l'invite à monter près d'him.

Ils font potes, les deux. Le Gravos, c'est une bonne nature. Quand les chiares ne sont pas trop casse-burnes, il devient vite gâteux.

Mrs Aïlikitt nous fait pénétrer dans un délicieux salon. Le feu de tourbe traditionnel fumasse lentement dans une petite cheminée de cuivre pâle. Tout est douillet, céans. Les meubles sont de famille. On a fait un effort pour donner une allure pimpante à la maison et on y est parvenu. Il y a de beaux bouquets de fleurs un peu partout, et des gravures découpées dans de vieux livres et encadrées joliment. Et puis des lampes froufrou dont je te parie ma jolie hôtesse a confectionné soi-même les abat-jour.

Elle s'éclipse. Une horloge tricote du néant dans la pénombre envahissante. Ici tout respire le calme, la sérénité. Je me convoque pour une prise de conscience expresse et il en ressort que j'ai probablement emprunté une mauvaise piste. La lande irlandaise ne me vaut rien. C'est pas mon élément naturel.

La ravissante dame revient. Elle semble très grave, presque recueillie.

— Venez, invite-t-elle. Je ne sais s'il vous reconnaîtra, mais vous aurez toujours eu la satisfaction de le voir.

Nous traversons le couloir pour pénétrer dans une chambre de dimensions modestes, sobrement meublée.

Dans un vieux haut lit, un vieux au lit respire comme on râle. Tu croirais l'abbé Faria en train de canner dans sa cellule du château d'If.

Ses cheveux blancs sont très longs, sa barbe blanche est hirsute. Ses traits émaciés traduisent la souffrance longtemps endurée et acceptée. Il a les yeux mi-clos. Ses draps remontés sous sa barbe paraissent l'emmailloter.

En l'apercevant, le curé d'Oughterard se jette à genoux comme devant la couche funèbre d'un Louis quatorze ou quinze et se met à réciter à bout portant une salve de « Our father quête z'aux cieux ». Pour ma part, je me signe en trois exemplaires, avec léger paraphe sur la poitrine. Puis me penche sur l'agonisant.

— Père O'Goghnaud ! appelé-je doucement...

Le râle continue toujours.

— Je suis Jean-Baptiste Dugenou, le petit séminariste français que vous avez connu à Limerick. Vous souvenez-vous de moi ?

Le râle dérape, il y a un glafouillage. Les paupières presque noires du mourant se soulèvent à demi sur un regard blanc. Une voix plus caverneuse que celle de l'homme de Cro-Magnon s'élève, à peine audible. Elle parvient à articuler des mots, mais ces mots m'échappent.

— Que dit-il ? demandé-je à la jeune femme qui se tient légèrement en retrait.

— C'est du gaëlique, murmure-t-elle. Il dit qu'il ne vous connaît pas.

La bonne blague ! Évidemment que le père O'Goghnaud ne me connaît pas.

— Il n'a plus sa tête, ajoute-t-elle.

J' hoche la mienne comme un général d'Empire.

— Hélas, hélas, hélas, fais-je, très gaullien.

J'accorde au Père O'Gochnaud une bénédiction tout azimut, pas piquée des vers ; puis, discret, me retire en entraînant le curé au moment où il attaque son acte de construction en latin pour faire plus vrai.

— Évidemment, il n'en a plus pour très longtemps, le cher homme, murmuré-je en miséricordiant de la glotte.

La jeune femme a un geste fataliste, comme pour laisser toute liberté au Seigneur d'embarquer son tonton le plus vite possible.

— Puis-je vous proposer un verre de whiskey ? demande Mrs Aïlikitt.

J'empresse à pieds joints.

— Bien volontiers, madame.

Elle nous installe au salon, près de la cheminée. On a droit à la boutanche des grands jours, à la verrerie d'apparat. Elle-même se sert un doigt du breuvage ambré.

— Le père O'Goghnaud est votre oncle, ou celui de votre époux ? demandé-je.

— Celui de mon mari. C'est le frère de sa défunte mère.

Le curé s'endort après avoir éclusé son godet cul-sec. L'obscurité densifie dans la pièce. Les fleurs sentent bon, la cheminée fume dru et la madame me paraît de plus en plus jolie, qu'au point que si je n'écoutais que mon salaud d'instinct, je la prendrais dans mes bras pour lui rouler une pelle.

— C'est intime, chez vous, murmuré-je sans la quitter des yeux.

Elle détourne pudiquement les siens. Évêque, certes, mais le cœur de l'homme continue de battre derrière la braguette de la soutane. C'est pas une roupane de monsignor qui va masquer les ardeurs d'un San-Antonio en émoi, crois-le bien.

— Vous avez beaucoup d'enfants ?

— Quatre : deux filles et deux garçons.

— Ils sont sages, on ne les entend pas et je n'en ai vu qu'un.

— Ils font leur devoirs.

— C'est très généreux à vous d'avoir pris le père O'Goghnaud avec vous.

— Nous avons pensé qu'il serait mieux ici que dans un monastère pour terminer ses jours.

— Qui peut le dire, ma chère ?... C'est un homme de Dieu, là-bas il se sentait peut-être davantage près du Seigneur que dans votre confortable maison, soit dit sans vouloir le moins du monde vous désobliger.

Elle hoche la tête.

— C'est ce que j'ai essayé de démontrer à mon mari, mais Standley n'a rien voulu entendre et il m'était délicat d'insister.

— Il voyait souvent son oncle ?

— Non, presque jamais. Cela l'a pris brusquement. Un sursaut de sa conscience, m'a-t-il expliqué. L'un de nos enfants a été cruellement malade et nous avons failli le perdre, au début de l'année. Je crois que cette maladie a beaucoup frappé Standley. Mon sentiment est qu'il a fait un vœu, comprenez-vous ? Il a dû promettre à saint Patrick de prendre son oncle avec nous si notre petite Emily guérissait. Mais mon époux est un homme très secret.

La façon qu'elle en cause, je te parie une bitte d'amarrage contre une boîte de capotes anglaises qu'elle n'est pas enchantée de son jules, la chérie, dans le secret profond de son cœur, ni dans celui de sa chaglatte. Une de plus qui regrette que son présent ne soit pas passé !

— Que pense le docteur de l'état de santé du Père ?

Elle fait la moue.

— Un spécialiste en gériatrie vient une fois par semaine de Galway pour le voir. Évidemment, il est très réservé.

Bon, on s'est dit l'essentiel.

Du moins concernant l'affaire, car sinon, j'aurais bien des choses à lui bonnir au plan intime.

— Il ne reçoit pas d'autres visites que celle de ce médecin ? demandé-je.

— Oh, non, mon Dieu, qui donc pourrait s'intéresser à lui ?

— Je suis bien venu, moi.

Elle acquiesce.

— C'est vrai, monseigneur. Je regrette qu'il ne vous ait point reconnu.

— Je compte passer quelques jours dans la région. J'ai une foule de notes à classer, un rapport à mettre en forme, cet endroit me paraît propice à la méditation et au travail. Je vais descendre dans l'une des ravissantes auberges d'Oughterard. Avec votre permission, je me permettrai de revenir ; peut-être qu'au cours d'une seconde visite, le père O'Goghnaud se souviendra de moi ?

— C'est très possible, admet la ravissantissime. Car il a des périodes de pleine lucidité. Revenez quand vous le voudrez, monseigneur. Et puisque vous séjournez à Oughterard, je vous signale que la meilleure auberge est celle du *Gracious King*.

Des enfants se mettent à rire, quelque part dans ce calme logis.

Je prends congé avec le cruel sentiment d'avoir fait fausse route.

CHAPITRE XIII

Je prends congé avec le cruel sentiment d'avoir fait fausse route

Et je le fais part à Bérurier, dès qu'on a largué le curé Trécy (il s'appelle Trécy, comme dans les histoires qu'on se racontait au café avec les copains ; c'est pas bioutifoul l'hasard dans Santantonio, dis, l'artiste ?).

— A côté de la gagne, Gros ! je lui soupire. J'avais cru. Je crois plus. On l'a in the troufigne !

Sa Majesté chauffeuse-de-grande-maison rigole doucement dans ses trente-six heures de barbe fraîche.

— D'où vient-ce ton pessimisse, Mec ?

— Il est évident que cette dame Aïlikitt est pure comme la blanche hermine.

Le Mastar re-rigole.

— Pacequ' t'imagines qu' les hermines sont pures sous prétesque qu'é sont blanches ? Ell' s' font calcer comme des salopes, tes z'hermines, mon gars. Que sinon comment t'est-ce ell' s' reproductionneraient ?

Frappé par l'argumentation, je me frotte le menton.

— Toi, l'Obèse, t'as retapissé quelque chose ?

— Yes, monseigneur.

Nous sommes arrêtés devant l'auberge du *Gracious King* dont la façade immaculée, les colombages bruns et les baies à petits carreaux font bien augurer de l'intérieur.

— Vas-y, je t'écoute !

— Depuis qu'on a quitté la crèche de la jolie blonde, on a été suivi.

— Tu en es sûr ?

— Une bagnole sport, conduite par une gonzesse. Elle était en estationnement près de la masure, dans un chemin de travers. J' peux même t'annoncer qu' la gonzesse portait des grosses lunettes noires. Elle nous a filochés jusqu'à la cure, ensute elle a disparu, mais j' te parie mon râtelier cont' une chaude-pisse qu'elle doit s' trouver à promiscuité. Écoute, merde, d'puis des années qu'on fait ce turbin, j' sais reconnaît' quand t'est-ce on est suivi de quand t'est-ce on ne l'est pas, non ?

— Quelle couleur la bagnole ?

— Blanche, capote noire. L'antenne radio est posée su' le coffre arrière et elle est très longue, comme celle d'un réceptionneur-émettreur.

— Merci, monsieur Bérurier.

Il m'a requinqué le mental, Bazu, tout d'un coup. V'là que je prends du regain d'enthousiasme. On descend à l'auberge, accueillis en grandes pompes par un couple jeune et sympa qui nous propose les deux plus belles chambres de la taule, des pièces hautes de plafond, meublées rotin, avec salle de bains à eau froide aménagée dans un angle et des chiottes à l'étage au-dessous, dont la porte est vitrée afin que tu puisses voir déféquer tes contemporains sans avoir de trous à percer dans les cloisons.

La nuit ne se décide toujours pas à tomber. C'est fou ce que le jour traînasse dans ces patelins merdiques. Y'a rien à voir et on te le montre à n'en plus finir, alors que lorsque tu dégustes un beau pays azuréen, t'as la notte qui te choit dessus sans crier gare, au tournant de l'après-midi !

Le dîner est triste comme une branlette de veuf. On bouffe du poisson qui a le goût de mazout, plus autre chose que je saurai jamais ce dont il retourne, sauf que c'est pas assez cuit s'il s'agit de pommes de terre, et beaucoup trop si c'est de la merde. Ces agapes expédiées, on s'achète une bouteille de whiskey pour se l'aller tuter dans la carrée du Gros en devisant de nos affaires.

— Vernon O' Bannon est ici ! déclaré-je péremptoirement après le second verre.

— Chez la belle blonde qui te plaît tant tellement ? demande le Gros Inquisiteur, auquel rien n'échappe, sauf le fondement lorsqu'il a ses crises d'hémorroïdes.

— Pas chez elle, ça paraît difficile à cause de ses mômes qui boufferaient le morcif, mais il est placardé quelque part dans la contrée.

— Tu croyes que le coup du père O'moncul retiré du moinastère par son neveu est en liaison concommitoire avec le gangster ?

— S'il est vrai que nous avons été suivis en sortant de chez les Aïlikitt, sûrement.

— En quoi ça peut l'aider à se planquer, que le vieux clésiastique soye sorti de son couvent ?

— Je ne vois pas pas très bien pour l'instant. Il serait utile d'avoir une conversation avec le neveu ; malgré ce qu'il prétend, il n'a peut-être pas agi par pure charité filiale.

— Quelle converse tu veux t'avoir ? S'il trempe dans une combine, en l' questionnant, tu f'ras qu' lu mett' l' prépuce à l'oreiller.

— Tu crois qu'ils ne sont pas déjà en état d'alerte ? Tu t'imagines qu'ils auront coupé dans le coup de la visite épiscopale ?

Le niveau de l'alcool baisse dans la boutanche. La gnole est un passe-temps funeste, tous les manuels adéquats te le diront. On s'imbibe, on est amené à débloquer, on se ruine la santé, et tout ça pour moins voir le temps passer, pour essayer de mieux se supporter. De quoi en chialer debout !

— Drôle de pays, tout d' même, c't' Irlande. Moi, j' l'imaginais pas commak, murmure mon compagnon de camaraderie. On arrive et une gonzesse qu'est la fille du truand recherché radine dans notre appartement pour récupérer sa culotte. Tu vas la rejoind' chez des gens qui s' font dessouder en ta présence tandis qu'on la kidnappe. La police vient nous chercher du suif, et on nous flingue le poulardin à notre nez et barbe. On fuit dans la tire d'un noble Angliche pédé qui vit dans la terreur d'un maît' chanteur et qui nous supplille de l' lu scraffer ! Par miracle, ce lorde a connu O'Bannon et nous parle du moine. Au moinastère, plus de cureton ! Son gentil n'veu l'a embarqué pour agoniser en famille. Et quand on vient rendre visite au moribond, on nous file le train. Tu veux qu' j' te dise, monseigneur ?

— Quoi ?

— Viens !

Il se lève, referme d'un coup péremptoire sa braguette qui béait pour cause d'avarie de fermeture Éclair.

— Où veux-tu aller, Gros ?

— On est surveillé, Gamin. Allons mater au moins par qui. J' vas essayer de sortir par-derrière. Toi, dans cinq minutes, sors par-devant et baguenaude-toi dans l' village, comme si tu prendrais la fraîche du soir. Occupe-toi d' rien, l' reste, j' m'en charge.

*
* *

Pas loin de l'auberge, sur l'autre trottoir, il y a un marchand de saloperies folkloriques qui vend aussi des articles de pêche. En tant qu'évêque, je devrais plutôt m'intéresser aux articles de prêche, mais moi, les gros moulinets à tambour me fascinent. Je m'imagine, arrimé sur un fauteuil pivotant, à la proue d'un yacht blanc, en train de tirer sur le museau d'un espadon de six mètres, et ça m'excite.

Tout en m'intéressant à ces attiraux (on dit bien des vitraux) je mate sournoisement de gauche et de droite ; mais j'ai beau m'énucléer à force, je ne distingue rien. Oughterard est désert en cette heure nocturne. On n'y aperçoit pas même un chien errant.

Par acquit de conscience, et pour prouver au Mastar que ses inspirations sont foireuses, j'opère un viron de bout en bout de la localité, examinant les petits chemins transversals (on dit bien des intervalles) sans rien renoucher d'insolite. Bérurier aurait-il eu des berlues en se croyant suivi ?

Au bout d'une plombe de ce commerce, pas désagréable d'ailleurs, car je raffole des virouzes nocturnes au clair de lune, je me dis qu'il est temps de m'aller pieuter. Je rebrousse chemin, ce qui me permet de télescoper Alexandre-Benoît à un carrefour.

— Nobody ! lui dis-je.

— Bérurier ! répond-il en me tendant la main ; puis il me reconnaît et grommelle des maussaderies.

— T'as personne vu, Gars ?

— Non.

— Alors, au plume !

On rentre. De nouveau, ce flou artistique qui m'envape depuis le début de cette insolite enquête me noie l'âme. Cela provient de ce pays mélanco. J'ai la nostalgie de Paname. Tu sais quoi ? Je me languis de Marie-Marie. La musaraigne me manque. J' sais pas si ça te fait ça, mais t'arrives à une période de l'humanité où tu n'as plus envie de parler. Tu t'aperçois que les mots sont superflus. Que les regards, ça suffit pour exprimer. Les ondes, même, tout simplement. Tu reçois, t'émets. Tes yeux caressent et y'a toute la vie en instance, complète, à dispose. Touche pas aux mots, l'artiste, ils te chieront sur les doigts, comme des colombes. Les colombes, c'est ravissant et ça s'apprivoise. Tu peux leur faire faire ce que tu veux ; mais tu ne peux pas les empêcher de déféquer à tout bout de champ. Impossible de leur apprivoiser le trou du cul. Les mots, c'est kif-kif. Ils diront ce que tu voudras qu'ils disent, seulement ils te chieront dessus immanquablement, quand tu t'y attendras le moins. C'est toujours l'inconvénient, le chiage. Quand j'étais mouflet, je rêvais d'un animal qui ne bédolerait jamais. On m'avait dit le crocodile, tous les huit jours, ou le boa, je crois bien. Mais en fait de reptiles, les hommes me suffisent amplement.

Et alors, je t'en reviens sur Marie-Marie qui me plaît à regarder, à entendre. Dont les ondes me passent bien à travers le buffet. Je crois qu'en sa compagnie, je pourrais me taire pour de bon, un jour. Cesser de dire, absolument. Laisser couler le temps, mes jours, mon sang le long de ses rives.

— Goude naillete, monseigneur !

— Salut, Big Pomme !

On se sépare devant nos piaules.

Ma grande chambre sent le froid, le papier peint humide, le drap de lin. En guise de plancher, c'est du carrelage disjoint. Au-dessus du lit, pour chauffer la pièce, on a fixé une rampe électrique qui doit te brûler la tronche lorsque tu roupilles. Pourquoi les hommes ne disposent-ils pas les mêmes matériaux de la même manière dans le monde ? Dans certains pays, ils savent composer le confort et l'harmonie avec les mêmes pierres, les mêmes bouts de bois. Dans d'autres, ça chienlise. C'est raté, malcommode, moche et con. Question de jugeote, d'appréciation, de goût. Y'a les malins et les paumés. Toujours, partout. Mais les paumés dominent. Une vraie cohorte de manches à couilles !

Je me défringue en hâte. M'étonnerait que la douche fournisse de l'eau chaude. Tu parles ! Pourtant j'éprouve le besoin d'un jet de flotte sur mes endosses. Le grand coup de ravigote avant de pioncer. Se fourbir la bidoche pour mieux l'expédier dans l'anéantissure.

Quelques exercices d'assouplissement, manière de me réchauffailler la couenne. Et je bondis à la salle de bains. Elle ressemble à une cage de briques qu'on aurait installée dans la trop grande chambre. Ils ont pris un angle de la pièce et ont bâti leur guitoune à la va-comme-je-pousse-le-fil-à-plomb. Y'a pas de fenêtre, pas d'aérateur. Simplement, une baignoire de dernière catégorie, toute piquetée, avec des panneaux en faux Formica représentant de faux carreaux de faux marbre. Un lavabo, un miroir qui ressemble à une radio de tubar... La porte est si légère qu'elle tient pas fermée. Je l'open. Madoué, quelle surprise ! Trois personnes se tiennent sagement assises sur le bord de la baignoire. Tu te croirais dans du Pirandello. Elles portent toutes les trois des bas enfilés sur la tronche, ce qui donne toujours à l'intéressé une tronche d'outre-tombe. Il y a une dame et deux hommes. En outre, les personnages sont gantés de caoutchouc. Les deux hommes tiennent chacun un pistolet mitrailleur à la main, et en gardent le canon braqué sur la porte ; comme ma carcasse vient de remplacer la porte ouverte au pied levé, c'est donc sur mon burlingue que les deux guidons convergent La femme, pour sa part, est munie d'une petite valise noire. Et voilà. Le trio m'attendait sagement, dans le noir.

Mon premier mouvement de surprise effacé, je reprends mon self-contrôle.

— Je vous en prie, dis-je, ne restez pas assis sur cette baignoire, vous allez attraper des crampes.

Et je recule. Prompts comme le jaguar, l'éclair, la chiasse, un dard (rayer les mots inutiles), les deux mecs bondissent hors de la salle de baths ; l'un d'eux fonce à la lourde de la chambre pour m'interdire toute tentative de sortie.

— Vous me permettrez bien de remettre mon slip, gentlemen ? demandé-je, il y a une dame !

Comme ils ne répondent pas et que qui-ne-dit-rien-consent, je réintègre mon Éminence en un tourne-cul.

Les trois envahisseurs ne m'ont toujours pas dit une syllabe.

A moi de faire tous les frais de la converse.

— Bien, dis-je en m'asseyant sur le bord du plumard, ça consiste en quoi ?

Toujours bouche cousue.

La femme a déposé sa mystérieuse valise noire sur la table branlante, l'a ouverte et en a retiré une lampe à souder qu'elle trifouille avant de l'allumer

« Bien, me dis-je, je vais vivre un épisode des « Chauffeurs de la Drôle », revu et corrigé par les Irlandais. Ces fumiers vont me torturer afin de m'obliger à parler. L'ennui est que je n'ai pratiquement rien à leur dire.

Je suis prêt à leur bonnir le peu que je sache, et pour pas un penny, mais je doute que ça fasse leur blod.

La gonzesse agit calmement. La voici qui retire une sorte de cachet de fer rectangulaire de sa trousse. Ce cachet est nanti d'un manche métallique terminé par une poignée de bois. Elle le présente à la flamme ardente de la lampe à souder. Les deux gus continuent de me braquer sans frémir. J'essaie de déceler leurs frites à travers le bas qui remodèle leurs traits, mais c'est impossible d'autant qu'ils portent, pardessus le bas, une casquette dont la visière est baissée jusqu'aux sourcils.

Un moment d'une intensité rare s'établit, à peine troublé par le souffle rageur de la lampe à souder.

Moi, comprends bien, je n'ai pas d'arme à disposition. Or, j'ai eu l'occasion de me rendre compte à Dublin, chez le docteur Martin, que les visiteurs inopinés n'hésitent pas à flinguer. Je connais les tueurs. Les reconnais plutôt. Ceux-ci font partie de cette grande famille qui fait tant et tant pour les croque-morts. Si je tente quoi que ce soit, il y aura une double décarrade de prunes et ton Santonio sera tellement haché fin qu'il ne restera plus qu'à le servir avec des câpres, des oignons et des anchois. Il fournira le ketchup en prime.

Ce qui m'intrigue le plus, je préfère te l'avouer franchement, c'est les petites maniganceries de la dadame. Cette manière qu'elle a de chauffer à blanc son cachet.

Elle puise un objet rond dans sa valoche.

— Tenez ! me dit-elle en me le lançant.

Machinalement, je m'en saisis. Il s'agit d'une balle de caoutchouc mousse grosse comme un poing d'enfant.

— A quoi jouons-nous ? plaisanté-je.

— Mettez ceci dans votre bouche.

— Mais...

L'homme qui se trouve le plus près de ma personne avance son feu de quelques centimètres, ce qui, traduit de son muet langage, signifie :

— Obéis !

Moi, tu penses si je pige. Cette balle de caoutchouc est destinée à étouffer le cri que je vais pousser quand ils vont m'appliquer leur vérolerie de tampon sur la bidoche.

— Qu'est-ce qui vous prend, mes chéris ? balbutié-je, y'a qu'en Argentine qu'on marque le bétail. Il rime à quoi, votre cinématographe ?

— Enfoncez-vous cette balle dans la bouche et allongez-vous à plat ventre, m'enjoint la dame.

L'odeur du métal surchauffé se répand dans la pièce, me rappelant des remugles de maréchalerie-ferrante.

— Et si je refuse ?

La fille me désigne les deux archers.

— Vous serez marqué mort au lieu de l'être vivant, répond-elle.

Moi, tu peux pas savoir, en pareil cas, cette vertigineuse aptitude à penser, supputer, combiner, décider. Je me dis : la table est à deux mètres du lit. Si je m'allonge très au bord de celui-ci sur la partie la plus éloignée de la table, la gonzesse contournera le lit pour me faire son petit poinçonnage maison. Donc, elle se trouvera entre moi et les tireurs ; à moins que ceux-ci ne se gaffent du coup. Mais l'un d'eux est fixe devant la porte, c'est donc l'autre qui peut se déplacer. Le fera-t-il ?

Je hausse les épaules d'un air fataliste et embouche la balle. Je dois ressembler au bon gros toutou quand il fait joujou avec son maîmaître. Ensuite je m'allonge. Pas commode d'être sur le qui-vive, prêt pour l'action, avec la gueule pleine de caoutchouc qui a un sale goût de bottes mouillées.

La femme saisit son poinçon par le manche,

comme un traître empoigne son coutelas dans un mélo, la lame en bas, alors que les vrais surineurs comportent tout ce qu'il y a de différemment. Le facteur temps joue en ma faveur. Le métal refroidit assez vite, donc il lui faut agir prestement. Elle contourne le lit en vitesse. Pose sa main gantée sur mon épaule gauche afin de me maintenir plaqué sur le lit et abaisse sèchement son cachet incandescent en direction de mon omoplate.

Aïe !

CHAPITRE XIV

Aïe !

La dernière seconde est la bonne. J'éprouve déjà la chaleur embrasante du fer surchauffé dans la région épaulaire. Roule d'un demi-tour sur moi-même. Le fer plonge dans le drap qui se met à cramer. J'avais prévu de comporter d'une certaine manière, mais les circonstances m'incitent à agir de l'autre. Mon intention était de sauter sur la donzelle pour m'en faire un paravent chinois. Je m'aperçois à l'ultime moment que la manœuvre sera malaisée. Alors je continue de tourner de manière à me laisser tomber sur le carrelage, de l'autre côté du plumard. Tout cela est d'une promptitude folle. Au passage, je cramponne la lampe à souder sur la petite table. Les gars n'ont pas tiré immédiatement, gênés qu'ils étaient par la fille interposée. Ils bondissent afin de me bloquer dans la ruelle du lit. Alors messire Santa, j' vais te dire : du grand art en matière d'action. Du jamais vu. L'exploit, quoi ! Accroupi contre le lit, j'actionne la mollette de réglage de la lampe. La flamme s'allonge de cinquante centimètres. Je passe la main par-dessus le lit, et j'arrose au juger. Arroser, en parlant de feu, est une aimable formule, tu en conviendras si tu veux, et si tu ne veux pas, ce que j'en ai à branler, moi alors ! Tout ce que je peux te dire, c'est que des balles giclent de part et d'autre de mon poignet, mais pas longtemps. Après, ce sont des hurlements sauvages, comme quoi mon calumet de la guerre a débarbouillé la frime de certains de mes agresseurs. Ça pue le cramé dans la région. La viande brûlée, les fringues qu'incandescent. Il y a bousculade, bruit de galop. Et le silence se fait. Je me risque partiellement hors de ma planque. La place est libre. La porte est ouverte sur le couloir obscur. Une fumée âcre se dégage de mon pieu à cause du cachet chauffé à blanc qui carbonise la literie. Au mur, une volée de trous. La valoche noire est restée sur la table. Je fonce à la salle de bains, biche le récipient de fer servant de boîte à ordures, l'emplis de flotte et joue les braves petits pompiers de service. En trois voyages j'ai raison du sinistre. Maintenant, y'a un trou noir et fumassant au mitan du matelas. Et puis voilà. Le plus poilant c'est que la paix de l'hôtel n'a pas été endommagée par cette étrange équipée. Faut dire que les armes, comme la plupart du temps de nos jours, étaient équipées d'atténueur de son. Si ce n'étaient les traces de la rafale au mur et la paillasse dévastée, tu ne t'apercevrais même pas qu'on a joué les « Trois Jours du Condor » à l'hôtel du *Gracious King* dont je me demande bien pourquoi il porte une telle enseigne en ce pays républicain.

J'attends un moment. Au loin, un ronflement de bagnole décarrant en catastrophe. Et puis voilà tout. J'éteins la lampe. Ouvre grandes les fenêtres pour laisser l'odeur se dissiper. Dans la chambre voisine, l'éminent Bérurier roupille à s'en lézarder la cloison nasale.

Je constate alors que mon guignol cogne à grands coups rapides. Aurais-je eu peur, mine de rien?

Probable. Mais l'essentiel est que je ne m'en sois pas rendu compte en cours d'action.

Je me dépose dans un fauteuil déglingué. Ouf ! Une fois de plus j'ai vécu des minutes très exceptionnelles.

Quelle bizarre aventure tout de même ! (1)

Au bout d'un instant, ma respiration est redevenue celle d'un champion au réveil. Un calme salvateur m'embellit. Ton Sana est en pleine possession de ses moyens et de ceux des autres.

Un instant, l'envie me prend de réveiller le Gros pour l'affranchir, mais je me dis qu'à quoi bon, et qu'on aura tout son temps, demain morninge, pour épiloguer, cataloguer, déconnasser. Je vais récupérer le cachet car il m'intéresse de connaître la nature de la marque que ces noctambules voulaient m'imprimer dans la chair. Sur le tampon, cinq lettres en relief. Pas celles que tu crois. Ici, qu'est-ce qu'elles voudraient dire ? Je les mate à l'envers, bien sûr, puis, par acquit de conscience, dans la glace. Le mot « SLAVE » est d'une netteté parfaite. Slave ! Pourquoi Slave ? Qu'est-ce que les slaves ont à fiche dans ce tohu-boesque ? Pourquoi m'allait-on planter ces cinq lettres dans le corps, à moi Français, chaud latin, si éloigné des norderies glaciaires ?

Et alors, mon caberlot va plus loin avec le sujet. Bon, tu lis un mot qui te paraît français, d'instinct tu l'acceptes comme tel. Dans un second temps, un San-A. digne de ce nom prestigieux s'enfonce dans le problème. Il va chercher le fond des choses, là qu'elles se planquent, derrière les apparences. « Slave », en anglais, veut dire « Esclave ». Ça y est, je brûle, moi qui ai failli brûler.

(1) Comme aurait dit Mac-Mahon s'il s'était trouvé à ma place.

On voulait me marquer d'un mot infamant, histoire de me punir de ma curiosité sans doute ?

« Slave ». Esclave ! Santonio, tu réalises ? Lui, si libre de tempérament, de conviction, de cœur, de corps, d'esprit, de queue, de partout, d'ailleurs, d'autour, de passé, de futur, de vie, de mort, de jamais ! Santonio, la Liberté faite homme, lui qui secoue tous les jougs, celui des autres, de la tradition, de la langue, de la pensée. L'homme qui ne veut pas ! Esclave ! Le mot sculpté au feu indélébile dans ses cellules. Ah, juste Dieu, à quelle infamie viens-je de me soustraire !

Mais pourquoi un tel châtiment ? Pourquoi cette flétrissure moyenâgeuse ? Sommes-nous retournés à l'époque de la Question ? La question est là !

Furieux, je retourne mon matelas de manière à obtenir sa face encore intacte, arrache le drap brûlé, m'enroule dans une couvrante et m'abîme dans un sommeil plein de rage et de ne je ne sais quel désespoir, non sans avoir bloqué ma lourde à l'aide d'une chaise.

*
* *

Toc, toc, que faisait le petit chaperon rouquinos.

— Qui qu'est làguche ? que s'informait l'hypocrite loup déguisé en grande vioque.

Les toc, toc retentissent à mon huis.

Discrets, furtifs, tout ça, quoi !

Je m'éveille à l'arraché, constate qu'il fait jour. Ma chambre est sinistre dans la lumière grise. Elle pue encore l'incendie éteint, l'essence, la poudre.

En slip, je me dirige vers la porte et dégage la chaise coincée sous le loquet. J'ouvre. Me faut une bribe de moment pour réaliser que c'est la ravissante Mrs Aïlikitt qui se tient debout devant moi, pimpante, radieuse, dans une robe printanière, jaune paille avec des dentelles.

Elle a son sac à main au bras, des gants blancs, et tient un livre de messe. De plus en plus, elle évoque un passé heureux dans une province flaubertienne.

— Je suis navrée, veuillez me pardonner cette visite matinale, monseigneur…

Elle me regarde sans paraître me voir. Sa pâleur me frappe, de même que les cernes qui l'accentuent.

— Mais je vous en prie, dis-je, en m'effaçant.

Elle entre, sans paraître se rendre compte qu'elle est en compagnie d'un jeune évêque en slip.

Je lui désigne THE fauteuil. Gauchement, et comme embarrassé par ma presque nudité, je retourne à mon lit et me drape dans une couvrante.

— Vous me paraissez bien émue, ma chère dame ?

— Je ne sais si j'ai bien fait de venir. C'est sûrement de la folie. D'autant plus que...

— Que quoi ?

— Que mon mari prétend que vous ne seriez pas un véritable évêque, monseigneur.

Je souris avec toute la noblesse mansuète dont je peux. J'irradie rose. Ma lumière intérieure m'éclaire la vitrine.

— Voyons, voyons, reprenez-vous, et dites-moi ce qui cause un tel émoi.

Elle pleure en guise de réponse. Je n'en demandais pas plus. Voilà qui me fournit le prétexte d'une intervention tactile et tactique. Vite, monseigneur Santonio bondit auprès de la pauvrette mal baisée, làlà que ça se sent ces choses, rien qu'à la tristesse qui lui monte de la chatte, Mme Aïlikitt, tu parles ! Faut pas m'en conter ! Je mets un genou en terre, près d'elle, un peu à gauche, si tu vois ? La prends dans mes bras. Elle blottit sa merveilleuse figure contre mon épaule nue. Pleure à grande larmée silencieuse, et de vraies larmes, pas du chagrin de cinoche, espère ! Et moi, je sens couler tiède sur ma poitrine. ça chatouille, ça m'émeut, pas la glande lacrymale, que non, mais les deux autres, plus bas, que je porte dans mon ostensoir en peau de couilles.

Elle sent doux, capiteux, la femme.

— Cher petit ange, je balbutie, manière de garder un pied dans le clergé, tout en posant l'autre dans son intimité. Pas larguer les amarres religieuses trop sec, surtout ! Piano, piano ! A queue, certes ! Mais piano, pianissimo. Les gonzesses, leur drame c'est l'effarouchement. Elles naviguent avec des escarpins de satin, et les matous leur déambulent contre avec des cuissardes de terre-neuvas, ces cons ! Mézigue, ma force, c'est velours, velours et re-velours ! Souplesse, douceur, insidieusité. Miou-mioummm, le beau chachat à la dadame ! Caresse, caresse ! Tout dans le mouillé, rien à sec ; abraser les contacts. Oh, là là, et comme ! Peau de pêche et balai de soie ! Plume-plume, tralala ! Chuchotis, main douce, nuage, musique céleste. Je lui masse imperceptiblement le cou. C'est si ténu, si pas grand-chose. J'entends taper son admirable cœur. Ma joue se risque contre la sienne.

— Vous êtes malheureuse, ma chère enfant ?

— Hh h h h oui, dit-elle, mais en écrivant ça « y », « e », « s ».

Alors je débonde la phrase-clé. Réussite garantie. Tout terrain.

— Je suis là !

Ne veut rien dire. Mais traduit l'évidence. Quand un type qui est effectivement présent affirme qu'il est présent. cela renforce sa présence.

Car des tas de gens sont présents sans en être conscients, ce qui constitue en fait une certaine forme d'absence. Pour être pleinement présent quelque part, il ne suffit pas de proposer sa personne physique à ce quelque part, mais de participer spirituellement à cette présence, disons-le : de la *vouloir* totalement. Un présent dont l'esprit n'adhère pas *réellement* au fait qu'il soit là plutôt qu'ailleurs, n'est qu'un absent en représentation.

Ce qui nous amène à constater qu'il y a souvent confusion entre *présence* et *représentation.* Une foule d'humains sont en représentation, laissant accroire qu'ils participent. De la sorte, les couches matrimoniales hébergent de faux présents, les parlements en sont parfois emplis, de même que certaines salles de spectacle. L'homme ne possède pas, ne possédera probablement jamais le don d'ubiquité ; par contre, il a admirablement réalisé et mis au point le don de manque. Et moi, tout ça je le sais de fond en comble parce que j'ai une intelligence présente. Ce qui me permet de concevoir ce que tu ne subodores même pas, pauvre amoindri congénital !

Et je voulais seulement t'expliquer le combien elle est sensible à mon « Je suis là », la chérie si belle, si tant tellement du siècle dernier que je voudrais l'emmener en calèche pour la fourrer à la langoureuse à l'ombre de son ombrelle en fleurs, au pas pointu des blancs chevaux fringants.

Quand ses larmes célestes se sont déversées sur mon épaule d'athlète, elle paraît réaliser la saugrenance d'une telle situation, d'elle, en livre de messe et mariée, contre moi, évêque jusqu'à preuve que non et célibataire, ce, dans une chambre d'auberge de son village où vous savez comme sont les gens ?

Des perspectives déchéeuses lui apparaissent tout à coup. Elle pressent la flétrissure, l'excommunication téléphonique, ses enfants à elle retirés comme au jour de ses accouchements. Répudiée, bannie, jetée. Ah, l'infortunée, si peu heureuse qu'elle en est devenue malheureuse ! Ah, triste mère, épouse de con minable ! Quel cruel destin t'attend ?

Ma bouche effleure la sienne, nos souffles légers font connaissance, s'entremêlent. Et puis c'est la lente galoche des soirs sur la Dordogne, que cause Cyrano. L'inoubliable première pelle. L'instant que craquent les sensualités, que le frisson branché sur la haute tension fait claquer les compteurs bleus des Vosges. Bref : le first baiser, ce radieux bonjour qui contient déjà un adieu.

— Oh, monseigneur...

Son seigneur est maître.

Maître de la situation.

Alors il la relève d'un mouvement de danseur, souple et gracieux, pour parcourir les deux mètres zéro six séparant le fauteuil du lit.

Et elle consent comme une qu'est partie dans la plus belle des inconsciences : celle d'où tu te rends compte de tout sans avoir la volonté de réagir.

Gloire aux jupons, aux robes froufroutantes, aux bas et à leur corollaire les jarretelles. Car tu m'as bien lu, lecteur anamorphosé, des bas ! Oui, le hideux collant dont tu sais quelle guerre à outrance je lui ai déclarée, n'est pas encore venu jusqu'en cette province d'Irlande. Ici, le bas fait toujours partie de la vie courante ! Et moi qui l'ignorais ! Moi qui passais aux côtés des dames sans soupçonner ! Je côtoyais des bas et ne le savais pas ! Il y avait ce bonheur tactile à portée de doigts et je passais outre, obscur crétin !

Ah, que vite je compense ces heures perdues, ces occasions inabouties !

Que vite je rattrape ce manque à bander.

Ce qui va suivre, lecteur ablationné, ne te regarde pas. Il ne s'agit pas de ma vie privée, mais de mon comportement sexuel. La vie privée n'est que la vie collective à dose homéopathique. Tandis que la vie sexuelle est aussi personnelle que la pensée dont elle fait partie. Elle s'accomplit mais ne se raconte pas. La dire, c'est la réinventer, donc la faire autre. Et je suis trop soucieux de mon accomplissement cérébro-glandulaire pour dénaturer ce qui est unique. Ce qui se passe entre moi et la partie de cette femme non recouverte de nylon appartient à l'Histoire.

A la mienne.

Je tairai cette face cachée de mon destin, bousculant mes biographes futurs dans les abîmes de la perplexité. Mais bon gu que c'est bon !

Et le pied de cette dame, alors, il n'irait pas plus loin s'il était chaussé de bottes de sept lieues ! Elle roucoule et pâme comme au siècle dernier que je te dis, quoi, merde ! D'accord, j'ai jamais lonché au Dix-neuvième, mais j'ai lu les bons confrères du temps, l'Honoré, le Toto, le Tatave, le Guy, l'Émile et bien sûr, le Grenoblois, plus les gonziers du feuilleton, des trucs que tu trouves même plus dans les greniers, avec des amoureux qui se pointent en ballon dirigeable par les toits et brossent dans des soupentes parmi des Niagaras de cotillons mousseux !

Le coït dix-neuvième, c'est presque comme si je l'avais pratiqué, parole. Ce que j'ai pas lu, je l'ai deviné ; ce que j'ai pas deviné, je l'ai imaginé ; ce que j'ai pas imaginé, je l'ai rêvé. Une éducation, ça finit toujours par soi-même. Les autres ne t'apprennent jamais qu'eux, c'est pas suffisant pour t'accomplir. Si tu ne te finis pas, tu restes en rade.

*
* *

Pourquoi, après une pareille séance, si fuligineuse et mémorable, si intemporelle et active, si énergumenté et casuelle comme d'aucuns l'écriraient sous couverture invendable pour penseur en quête ; oui, pourquoi faut-il que nous raccrochions au réel en parlant du mari, fâcheux absent des meilleurs ébats ?

— Pourquoi, mon tendre amour, votre mari prétend-il que je ne suis pas évêque ?

Elle reprend peu à peu vie. Ça me rappelle une truite qui ne devait rien à Schubert et que j'avais pêchée un jour d'été. Elle ne « faisait pas la taille » ; honnêtement, je l'avais donc restituée à l'onde alerte du ruisseau. Mais son voyage au bout de mon hameçon l'avait étourdie, et je la vis demeurer un long moment inerte sur le gravier blanc, couchée sur le flanc, la bouche spasmodique et l'œil vitrifié. La croyant à l'agonie, je voulus la reprendre en main ; mon contact suffit à lui restituer l'énergie qui semblait l'avoir quittée, d'une cabriolette elle retourna au courant généreux. Mistress (ma mistress à moi) Aïlikitt demeure également sur le flanc, avec la bouche entrebâillée et le regard aussi dilaté et immobile qu'une paire de lunettes. Elle s'est éloignée du courant amer et gît sur les rivages extatiques du suprême. Aussi ma question me revient-elle, conne comme un boomerang ayant raté sa cible.

Là-dessus, la porte s'écarte sur un Bérurier auquel son tricot de corps et les poils de son pubis tiennent lieu de pyjama. Embrumé, l'Étincelant gratte son entre-fesses de la main droite, et le cratère de son nombril de la gauche. Des choses d'aspect plus ou moins pelliculaire pleuvent de son part et d'autre.

— Ah, bon, m'avait bien semblé entend' du ramdam', dit-il, j' pensais qu' tu lonchais la chambrière dont j'ai aperçue hier. Elle est bossue, mais appétissante si t'eccèpe son éguezéma.

Puis il salue ma compagne de félicité de sa voix la plus courtoise.

— Gode morninge, chère Maâme, j' voye qu' v's'

êt' pas cont' la ramonée du briquefaste et v's' avez bien raison : le coup du matin n'arrêt' pas l' pèlerin, comme disait ma grand-mère.

Il aperçoit alors les traces de balles criblant le mur.

— D' quoi s'agite-t-il, Mec ? il balbutie, c'est pas des charançons qu'a fait ça ?

— Repasse un peu plus tard, je t'expliquerai, j'ai eu des visites.

Il se baisse pour mater sous mon lit.

— Que cherches-tu, Gars ?

— Bé : tes visiteurs.

— Ils ont mis les adjas. Ouvre l'œil, on nous en veut dans ce pays.

Il est tout chiffonné par la salve imprimée dans le galandage.

— Mouais, j' voye qu'on n'est pas personne-à-gratter dans c't' Irlande de mes deux. Allez, bonne continuation, M'sieur-dame.

La brève visite du très cher a permis à ma compagne de faire comme ma truite. La revoici frétillante, disponible et lucide.

— Pourquoi êtes-vous venue, tendre amour ? reprends-je, manière de réorienter mon interrogatoire.

— Vous n'êtes pas évêque, n'est-ce pas, monseigneur ? espère-t-elle de toute sa religion mise à dure épreuve.

J'opte pour la vérité.

— Non, mon âme, je baise comme un Dieu, non comme un prélat.

— Alors mon mari avait raison ?

— Oui, il.

— Qu'êtes-vous venu faire à la maison, hier ?

— Voir le père O'Goghnaud.

— Pourquoi ?

— J'ai des raisons de m'intéresser à ce saint homme.

— Qui êtes-vous ?

— Un détective venu de France avec le printemps, chère chérie, ineffable messagère de l'extase.

— Pourquoi vous intéressez-vous à notre vieil oncle ?

— Vous le saurez en lisant « Top Télé », ricané-je. Répondez plutôt à mes questions, douce muse à cornemuse céleste, sans doute finiront-elles par rendre les vôtres superflues. Avez-vous entendu parler de Vernon O'Bannon ?

Ce disant, je la fixe jusqu'au trognon, c'est-à-dire par-delà ses yeux.

Elle a une négation instinctive, à la fraction de seconde.

— Non.

— Il est pourtant natif d'Oughterard ?

— Moi, non. Je n'y demeure que depuis mon mariage.

Soupir. Ce mariage n'a pas fait son bonheur. Un conjoint, quand il est mal joint, devient vite un con joint.

— Depuis que le père O'Goghnaud est chez vous, avez-vous reçu des visites inhabituelles ?

Re-négation spontanée.

— Exceptées celles du docteur, personne.

Elle sourit et s'empresse d'ajouter :

— Si : la vôtre.

Et là, tu sais quoi ? J'ai droit à une bisouille mouillée de première instance. Le vrai débordement de femelle contente. Les femmes aimantes, tu remarqueras, c'est salivaire avant tout. Elles ont besoin de lécher. L'amour naît dans leurs papilles gustatives.

Quand elle m'a bistouillé le poitrail, au risque

d'éternuer de mes poils (1), la voilà qui me prend la main et qui sélectionne mon pouce pour se le carrer dans la bouche Un bébé ! Y'en a qui verrait là-dedans une allusion phallique, eh ben y se gourreraient. Je te promets que c'est serein, son geste Le calme après la trempette. S'agit d'un élan de soumission selon moi, car enfin, un pouce, même d'honnête homme respectueux des règles de l'hygiène, ça n'a pas bon goût, hein ?

Je lui caresse les cheveux tendrement de mon autre main, naturellement

— Suce pas mon pouce, dis-je, on va causer.

(1) J'aime bien exprimer de la sorte, je trouve ça plus direct, y' m' semble ?

CHAPITRE XV

On va causer

Elle me raconte que, peu après notre départ d'Early Morning House, son julot est rentré. Elle l'a mis au courant de ma visite. Alors ç'a été la crise. Ce mec, paraîtrait qu'il a pas bon caractère. Un vrai gueulard, jamais content. Là, il a dépassé les limites et giflé sa gerce. Que tiens, regarde, chéri : j'ai encore la marque de quatre de ses doigts sur ma joue ! Il a prétendu que le cher oncle n'était pas un monument à visiter, que je m'agissais d'un faux évêque, et que le Vieux était tout chamberlé de ma venue. Et puis des trucs encore. Qu'à la fin il a appelé le docteur gériatre, comme on dit puis. Lequel a radiné dare-dare et ordonné la venue d'une infirmière avec tout un attirail de survie tellement il était bougnazé, le Vioque ! Dans l'antichambre du coma, ainsi dire.

Le Aïlikitt ne lui desserre plus les chailles à sa Pétronille. Il l'a privée de lit conjugal, cette noye, la pauvrette, qu'elle en a été réduite d'aller dormir avec un des enfants ! Et bourrique comme elle le sait, son castor, il est pas près de rengracier ! Ça va éterniser cet état de choses ! Le régime de soupe à la grimace et de baffes voltigeuses, pardon, il n'est pas sur le point de cesser. Elle est venue pour me demander du réconfort (et elle en a obtenu au-delà de toute mesure, la salopiote !). Puis surtout, ça la chicanait que je soye p' t' être pas évêque pour de bon. Dans l'hypothèse, qu'est-ce je venais branler chez elle ? Alors, au lieu de la messe, hop : Le *Gracious King!* Géniale initiative s'il en fut. Très bien, il paraît que je suis détective et que je recherche un certain O'Bannon, alors pourquoi m'intéressé-je au père O'Goghnaud, saint homme au bout du rouleau sacerdotal ?

Je lui explique que O'Bannon et O'Goghnaud, jadis... J'espérais que le patron du crime aurait fait appel à l'aumônier de jadis pour se tirer d'embarras...

— Vous ne trouvez pas curieux que, sur ces entrefaites, votre époux ait pris l'oncle chez vous ?

Perplexe, ma belle enamoureuse hausse les épaules.

— A quoi cela rimerait-il ? dit-elle.

Et alors, il me vient un bout de morceau de bribe d'embryon d'idée.

— Ce médecin de Galway, qui soigne votre oncle...

— Oui ?

— Donnez-moi son nom et son adresse.

Elle me donne, je note.

Et puis des cloches clochaillent, annonçant la fin de la messe où elle ne s'est pas rendue. Ses dévotions, ce jour d'hui, elle les a faites avec bibi !

— Seigneur, je dois rentrer, mon mari est à la maison pour toute la journée.

— A propos de l'infirmière, c'est vous qui l'avez recrutée ou bien est-ce le docteur qui vous l'a fournie ?

— C'est le docteur.

— Vous reviendrez demain matin, mon cœur ?

Elle rougit, se ratiffe au mieux. Elle n'a pas lâché son livre de missel pendant nos ébats.

— Je ne sais pas, c'est tellement fou ! Tellement imprudent, tellement...

— Tellement bon, conclus-je.

*
* *

— Bon, pisque vous causez un peu de franchecaille et moi passab'ment d'irlandais, j' vas vous affranchir, ma p'tite dame, attaque Bérurier. Vot' système de chauffage accroché au mur est bon à nibe, à preuve, il s'a descellé du mur et il a tombé sur le plumard à mon pote évêque tandis qu'y f'sait ses blablutions dans la salle d' bains. Voyez : le matelas a commencé d' cramer ; h'reus'ment, mon pote l'évêque qu'a le nez fin a retapissé l'odeur et éteint l' siniss.

L'hôtelière prise à partie joint les mains en poussant des exclamations anglo-gaëliques. Béru ne lui laisse pas le temps d'en caser une.

— En remerciement qu'il a pu sauver vot' hôtel d' l'incendie, ma jolie, monseigneur a tapisssé l' mur av'c des photos du pape. C'est pas cell' qu' j' préfère d' Paul VI, et j' reconnais tout ce qu' a d' volontiers qu'il fait un peu teigneux, cézigus, là-dessus, mais c'est tout ce qu'on a pu trouver au bureau d' tabac de votre pat'lin. Surtout, touchez-y pas avant l'année prochaine, mon pote monseigneur a fait le vœu qu'on les laisserait laguche pendant un an et un jour, et le pékin qui s' permettrait d' contr'carrer un vœu d'évêque, j' voudrais pas êt' à sa place.

Ayant de la sorte dissimulé et justifié le rodéo de la nuit passée, Bérurier cueille notre hôtesse par la taille.

— Dou you quenove Paris, maille darlinge ? il lui murmure dans le tiroir à mélodie.

La dame regrette que non.

— If you voulez, aille embarque tou you wiz avec me ? On méquera la grand duc's tournanche : tour Eiffel, Folies-Bergère, hôtel of Nervouze' poux.

Et il lui place une paluche basse qui fait se trémousser notre bonne hôtesse.

Comprenant que ma présence risque d'entraver la bonne marche de son opération Bigzob, j'ai la pudeur de sortir opportunément.

Direction Galway.

***

Tu vois la grand-place de Galway ? Celle qui fait parking ? Y'a plein de marchands ambulants qui vendent des machins pour l'équitation : selles, brides, cravaches. Eh bien, le Dr Oldthing, le gérontologue, y a son cabinet, à gauche du musée de la tourbe. Il s'agit d'une maison très ancienne, au moins du seizième siècle av. Ch. de G. Mon coup de sonnette amène une vieillerie qui me conduit au docteur. Réactions en chaîne.

Ce toubib, tu comprends qu'il s'intéresse au vieillissement dès que tu l'aperçois. Il sait des chiées de trucs sur la question car il a franchi depuis belle burette le cap de la centaine et s'est élancé dans la foulée de Mathusalem.

Il ressemble à Bernard Shaw, mais en chauve, et sa barbe est si longue, si fournie, qu'on pourrait, de loin, prendre sa tête pour celle d'un cosaque glabre à l'envers.

— Bonjour, mon enfant, me dit-il, je crains que vous ayez confondu pédiatre et gériatre. Si vous venez à cause des vers, je puis vous prescrire un vermifuge ; mais s'il s'agit de vos dents de lait, ma vue est trop mauvaise pour que je me risque à vous les ôter.

Je rassure l'éminent docteur. Je viens seulement pour lui parler du Père O'Goghnaud.

Comme je le pressentais, il ignore tout du vieux prêtre. Quant à la localité d'Oughterard, bien qu'elle soit proche, la dernière fois qu'il y a mis les pieds, M. De Valera n'avait pas encore été élu président de la République.

— Existe-t-il un autre docteur Oldthing dans le comté ?

— Oui : mon père, mais il est retiré depuis déjà cinquante-quatre ans.

— Alors je suis victime d'une erreur, docteur ; veuillez me pardonner.

Et je le laisse derrière sa belle barbe blanche à changement de vitesse, poils tressés-main, floconnage incorporé, énergie induro-statique. Je le laisse en emportant au creux de l'âme un grand bonheur, comme l'écrirait Machin s'il savait écrire. Enfin la piste O'Goghnaud se précise. Enfin je tiens du sérieux. Voilà-t-il pas que je siffle en me retirant. Et tu sais quoi ? La Marseillaise, mon petit, tout simplement. C'est une grande méconnue, la Marseillaise. On la garde connement pour les manifestations solennelles alors qu'elle est faite pour la vie courante. « Le goût suave du singe » (comme dit Béru en parlant du God save the king) ça oui, c'est un hymne ultra pompeux, quasi religieux. Mais l'Allons-z'enfants c'est chouettement passe-partout : pour la promenade forestière, le séjour prolongé aux cagoinsses, le dévalage d'escalier, tout ça, un petit lalère de Marseillaise « Na nana nana nana-nèèèère » ! En pissant, sur la plate-forme de l'autobus, à la cantoche. en courant à un rancard, en se rinçant Coquette pendant que ta souris se paie une petite séance de trot anglais sur le bidet : Marseillaise ! Pom pom pom pom... » Bath ! Syncope un peu, la faire tourner jazz. Ça peut se danser, j'ai essayé. Pendant que tu remplis ta déclaration d'impôt, tiens ! Voire ton devoir conjugal si bobonne est longuette à décarrer : marseillaise. Hésite pas, elle est à nous tous. Patrimoine de saint Bernardin ! l'étang, dard sans gland, élevé... Faut pas se priver. Puisqu'il est réputé national, cet hymne, il doit participer plus étroitement à la vie de la nation, moi je prétends.

Et donc je marseillaise sur un rythme de valse en retournant à « ma » Royce.

Mais à « Ils viennent jusque dans nos bras... », je m'arrête car je viens d'apercevoir quelque chose d'insolite. Ce quelque chose est en réalité un quelqu'un. Et ledit quelqu'un occupe la place passager de la Royce. Je le reconnais de loin : c'est Ted Thomson, le détective de la Maffia ricaine qui m'a chargé de mon actuelle mission.

Il s'est installé dans ma tire et il roupille, ou fait semblant, son chapeau de paille noir à ruban écossais posé sur les yeux. Il a les mains croisées sur son estomac, dans une attitude très made in U.S.A.

— Hello, vieux loustic ! lancé-je en ouvrant brusquement sa portière, c'est pas beau de copier sur le cahier de son petit camarade !

Ted Thomson ne réagit pas. Cherche-t-il à me faire marcher ? Je soulève son bada. Non : c'est lui qui ne peut plus marcher. Il a pris une bastos en plein front, un peu au-dessus du nez. P' t' être qu'il ne s'agit pas d'une balle après tout. On dirait plutôt qu'on se l'est fait avec un pistolet à air comprimé, comme ceux qui servent à équarrir les bœufs. Toujours est-il qu'il est extrêmement mort. Je visionne les alentours. Excepté une vieille quenouille mistifrisée occupée à faire caler le moteur de sa malheureuse petite

Austin, le parking est désert. Au-delà, la place conserve sa sérénité.

Bon Dieu de bois, je n'ai pas fait long feu chez le docteur, cependant ! Ça m'a pris cinq minutes à tout casser. Ce laps de temps a suffi pour que Thomson grimpe dans ma tire et se fasse assaisonner. Sa posture relaxe ne lui a pas été composée *post mortem*, il l'avait adoptée au moment où on l'a praliné. Donc il se trouvait en compagnie de son assassin et entretenait de bonnes relations avec lui puisqu'il ne s'en est pas méfié. Et ma pomme, dans l'histoire ? Je fais quoi de sa carcasse, au collègue ?

Tout en cherchant une réponse à cette angoissante question, je m'installe au volant.

*
* *

Sir Beston est en superbe tenue de chasseuse lorsque je me pointe à Glenbeigh. Une vraie Diane moderne. Son fusil ne parvient même pas à lui donner l'allure martiale. Et la plume de faisan ornant son bada, il aurait intérêt à se la carrer dans l'oigne où elle ferait plus gai et serait mieux en situation.

— Hello, policier ! il me lance, joyeusement.

Je lui presse la louche. Tout folingue, il tire de sa carnassière un canard à col chmeurtz des marais, et me le montre.

— N'est-ce pas un royal coup de fusil ? exulte le joyeux sir. Rien n'est plus difficile à tirer que le canard à col chmeurtz.

Je lui fais signe d'approcher et je soupire en lui désignant mon pote Ted :

— Ce coup de flingue n'est pas mal non plus, rien n'étant plus délicat à tirer qu'un détective américain.

Sa seigneurerie en laisse quimper son palmipède

(qui serait plutôt, une fois dans sa gibecière, un palmipédé).

— C'est vous qui l'avez tué ? questionne-t-il sans émotion trop excessive.

— Oh ! que non. Mais c'est moi qui hérite de sa carcasse.

Je raconte la piquante anecdote à mon « protecteur ».

— Mon impression, cher ami, me dit-il, est qu'une très puissante organisation s'attache à votre perte. On désire vous neutraliser en vous compromettant, la chose est claire.

Il ramasse son col chmeurtz et ajoute :

— A moins que vous ne me racontiez une vaste fable, mon brave monsieur. Que comptez-vous faire de cet individu ?

— J'allais solliciter un conseil de votre haute bienveillance, mylord.

— Ah, diable, que vous dire, vous êtes déjà un pensionnaire dangereux, monsieur Santonio, je ne vais pas de surcroît héberger les cadavres que vous me ramenez. Cette région est lacustre et les lacs y sont profonds comme... des tombeaux. Ce grand sot de W. C. possède une barque amarrée au ponton privé et qui porte le joli nom de « Brise de Mai ». Tout cela constitue une heureuse conjecture, me semble-t-il.

— Eh bien, voici le conseil que j'espérais, mylord.

Il fait une grimace.

— Cela dit, monsieur Santonio, il semble que vos préoccupations vous éloignent passablement des miennes. N'oubliez pas que vous m'avez promis de solutionner mon problème en échange de mon esprit coopératif. Je crains que la police d'ici, ou bien les bandits qui paraît-il vous tourmentent, ne mettent fin à vos activités avant que vous n'ayez tenu parole.

— Je vous donnerai satisfaction, mylord ! assuré-je dans un élan. Et à propos, comment se porte Mister Coy ?

— Il ne se porte pas : il est toujours au lit. J'ai pris la précaution de l'attacher.

— Dame Mary n'est pas surprise ?

— Elle appartient encore à cette race de domestiques qui ne s'étonnent pas des faits et gestes de leurs maîtres.

Il balance son canard comme un pendule, puis gagne la maison. Après quelque furetage, je déniche un énorme soc de charrue rouillé dans un massif d'orties. Ensuite un rouleau de fil de fer sous la remise.

En route pour le lac !

***

Wallace Coy roule des gobilles de mauvais aloi sur son plumard.

Sir Beston a poussé la sollicitude jusqu'à lui barricader la gueule avec plusieurs bandes de sparadrap entrecroisées, si bien que le pauvre W. C. en est réduit à respirer uniquement par le nez, ce qui n'est déjà pas si mal, car enfin il doit bien lui arriver d'attraper des rhumes ?

— Hello ? vieille branche ! jeté-je joyeusement, étant libéré de ma vilaine besogne d'immergeur.

Je prends place au bord de son lit.

— Figurez-vous que je suis chargé de mission : lord Beston en a sa claque de dépendre de vous et il tient à récupérer le document que vous savez. Comme je n'ai rien à refuser à cet homme exquis, vous allez vous montrer de bonne composition et restituer la chose en question.

Ses yeux furaxent à outrance.

— Écoutez, W. C., dis-je, ménagez vos rétines, un regard courroucé n'a jamais tué personne ; à ce petit jeu, vous risquez de vous déconnecter le nerf optique et vous irez à la pêche avec une canne blanche !

Le grand cœur qui paraît au discours que je tiens ne l'amadoue pas, il est ignifugé de la pensarde, cézigus.

— Wally, reprends-je, le document, vous ne l'avez pas laissé à Manchester ; il se trouve dans les parages. Et vous ne l'avez pas non plus déposé dans le coffre d'une banque car vous teniez à le garder à disposition de jour comme de nuit. Me trompé-je ?

Il ne peut répondre vocalement, se trouvant muselé comme un journal d'Occupation ; mais il lui est loisible d'opiner.

— Vrai ou faux, Wally ? insisté-je en lui pinçant le nez entre mon pouce et mon index.

Il manque d'oxygène, m'en informe en se trémoussant comme un beau diable.

— Vrai ou faux, Wally ?

Je continue de lui azimuter le circuit. Il continue de se débattre dans les affres de l'axphyxie. Quand son teint violet vire au noir, je lâche son nez blanchi par ma pression énergique.

— Il va falloir me répondre, mon cher. Sinon je vais réitérer en augmentant la durée. Certes votre nez ressemble à une fraise gâtée et m'inspire une profonde répulsion, pourtant je suis décidé à vous le comprimer jusqu'à ce que vous parliez... ou que vous vous taisiez pour toujours. Un signe de tête suffira.

« Le document est-il ici ?

Il reste impavide. Courageux, ce rosbif. Je comprends qu'il ne cédera pas. Il a beau être une ordure de maître chanteur, sa force de caractère est monolithique. Pourquoi monolithique ? Parce que tel est mon bon plaisir, mon pauvre vieux, qu'est-ce qu'on peut à ça ?

Et une force de caractère monolithique, eh ben tiens, tu repasseras ! De Dieu de Dieu, la vacca !

Moi, alors tu veux savoir ?

J'attire une chaise à son chevet et m'y installe. J'ai le sentiment confus de vivre une autre vie. Ailleurs, plus loin, plus tard, sans signification patente (pourquoi « patente » ? Parce que monolithique, pauvre con !). Une vie qui n'aurait jamais été prévue, ni conçue. Une vie fortuite dans une dimension diamétrale, comprends-tu ? Ça ne fait rien, moi non plus.

Et j'attends ainsi, les pinceaux posés sur le montant du lit, les mains croisées sur le bide, comme ce pauvre Thomson naguère, dans la Royce. Et j'essaie de réfléchir, mais ne le puis que par petits flashes, inconséquents. Je fulgure du citron. Plouf ! Une image, un souvenir, un goût de quelque chose, une odeur d'autre chose, une palpitation... Des riens, quoi !

Je fixe W. C.

Il agit de même. Nos yeux vont se promener les uns dans les autres. Il doit s'étonner de mon attitude.

— Vous savez, W. C., je ne suis pas un coquin. Il n'est pas question que je porte atteinte à vos jours...

C'est moi qui cause ainsi, de ce ton feutré, noyé, absent lui aussi ?

— Mais vous vous êtes lancé dans une aventure dangereuse, W. C., car vous avez conduit doucettement un homme à vouloir votre mort. Sir Beston vous tuera bientôt si vous ne quittez pas ces lieux. Moi, à votre place, et avec votre mentalité je lui demanderais une somme en échange du document. Et puis j'irais finir mes jours sous d'autres cieux. Tenez, en Écosse puisque la pêche est votre passion.

Il y a également de la truite et du saumon là-bas, non ?

Je me tais. Ses yeux viennent de me quitter pour se porter ailleurs. Il regarde son attirail de pêche déposé dans un coin de la chambre.

Un hobbie, comme nous disons en France !

— Dites donc, W. C. de mon cœur, vous savez que je viens de deviner ?

Et l'Antonio bien joli fonce s'emparer de la canne à lancer de l'ancien poulaga.

— Vous voyez, Wally : je vais à la pêche.

CHAPITRE XVI

Je vais à la pêche

Très joli objet, entièrement en bois de chnock refendu et ligaturé soie avec planture démesurée variable et convexion superlatérale double. C'est léger, souple et d'un maniement zaizé. Lancer, avec cette pure merveille, nécessite une simple pichenette du poignet si j'ose ainsi prétendre.

La bouille du W. C. quand il me voit dégainer l'engin de sa housse !

Je l'examine avec l'attention d'un horloger en train de réparer une Piaget extra-plate. Par moment, je cesse de comporter en brasse-bouillon pour agir minutieusement, surtout lorsque je suis regardé. Un regard, c'est vachement intimidant. Ça te fait paumer tes moyens. Surtout chez nous autres Français. T'as qu'à voir nos piètres résultats en sport. On a les capacités, les moyens, la technique, tout ça. La merde, c'est notre sacrée timidité. En foot, je te prends, personne assisterait à nos matches internationaux et les joueurs adverses auraient les yeux bandés, on gagnerait tout, parole ! Pas une partie nous échapperait. Le tennis pareil ! On est les meilleurs, la chiotte c'est d'être regardé — et faut voir comme ! — par le gonzier situé de l'autre côté du filet. Mais que tu lui cloques deux mochards d'Ayan sur les vasistas et il ne te place plus une balle, ce nœud ! Tu me crois pas ? Et la boxe, tiens. Amène-le, le Monzon, amène-le, Cassius-Mohamerde Ali Clay, obstrue-leur les lampions, pas qu'ils t'intimident et tu les alignes comme des sardines chez Amieux. Ali devient Baba !

D'à force de scruter cette canne à lancer sublime, je finis par piger que la poignée de liège de Malte se dévisse. Mais dans le sens contraire au normal. Faut tourniquer de gauche à droite pour qu'elle se dégoupille. Ayant agi de la sorte, elle me reste dans la main. Je désappointe en constatant qu'elle n'est pas creuse, contrairement à ce dont j'espèrais. Mais moi, toujours astucieux, voilà que je potasse (d'Alsace) le problo, pas me laisser enfler au premier degré ; me disant qu'une poignée de canne à lancer y'a pas de raison pêchuelle pour qu'elle se visse. Qu'à quoi ça rimerait ? Chaque extrémité de cette poignée comporte une virole en résine siliconnée abrupte. Je force un peu celle du bas, en vain (et même en cent). Puis l'autre. Et la v'là qui se dévisse aussi, la garce, mais dans le bon sens, découvrant une cavité caviteuse de zéro virgule cinq de diamètre. J'oriente la cavité vers la lumière du jour. A première vue, elle paraît vide. Mais j'ai appris à me méfier des premières vues, aussi commencé-je par la seconde. Aussi passé-je délicatement l'extrémité (et comment pratiquerais-je sans commencer par ladite) de mon auriculaire dans l'ouverture le plus profondément possible, je décris un léger mouvement rotatif, comme tu opérais avec ta petite cousine, jadis, lorsque vous jouiez à cache-cache, boug' de p'tits dégueulasses ! Et je sens frémir la paroi, je me livre alors à l'opération vrille. Tu sais ? Le document ne tarde pas à montrer le coin de sa page, exactement pareil que les vers de terre quand tu joues à enfoncer une tige de métal électrifiée dans le sol. Par ici la bonne soupe ! Je lis rapidement le texte manuscrit qui figure sur cette feuille de vélin inférieur. Du papier vergé. Vergé, il était nécessaire, vu le sujet qui s'y trouve traité.

Lui ayant pris sa connaissance, comme dit mon éminent Béru, je le plie en quatre et le coule *in my pockett*, ce qui, traduit de l'anglais, signifie que je le carre dans ma fouille.

Puis j'adresse un clin d'œil malicieux à W. C.

— Pardon de vous retirer votre moyen d'existence, vieux. Je vais, en compensation, faire quelque chose pour vous.

Je m'approche et tranche ses liens à l'aide d'un délicat canif à la lame bien affûtée qui me fut offert par mon ami Yves Piaget (pas celui de Lip, celui des montres).

— Écoutez, collègue, si j'ai un bon conseil à vous offrir, c'est de filer d'ici par la porte de derrière sans attirer l'attention. Foncez au village, prenez un taxi ou le train pour ailleurs, et une fois ailleurs, prenez un avion pour encore ailleurs. Vous devez jouir d'une pension honnête ? Vivez-en honnêtement et oubliez toutes ces vilaines choses. O.K ?

Il ne répond pas, mais son regard marmoréen est planté droit sur ma frite. S'il pouvait me tuer...

CHAPITRE XVII

S'il pouvait me tuer...

J'avais quitté le Gros en train de lutiner la patronne. Je le retrouve en train de calcer la chambrière.

Et Dieu sait qu'il y faut de la santé ou, pour le moins, du tempérament, la personne en question manquant quelque peu de charme et de sexe à pile. Mais Béru, depuis des immémorialités de temps, a faite sienne la chanson de Brassens « Cette fille est trop vilaine, il me la faut ». La laideur l'excite. Toutes dame bancroche, bossue, torve, lippue, mafflue, inondée de cellulite, accablée par l'âge, la graisse, les rhumatismes, l'eczéma, la pelade, la salpingite, courbée sous la ménopause, furonculée, évidée, portant des phlébites en bandoulière et des fibromes dans des brouettes ; toute femme atteinte, diminuée, fléchissante, exténuée, éperdue de trop de maux, court-circuite ses sens, les surchauffe et le plonge dans un tel état de convoitise exacerbée qu'il n'a de cesse de la bousculer sur une surface plane : lit, table, gazon, arbre, pour la fourrer jusqu'à la garde, la démanteler et la laisser panteleuse, fourbue, confondue de trop d'extase frénétique, éblouie par une assurance miraculeusement retrouvée. A ce titre, comme à bien d'autres que je n'ai pas le temps d'énumérer ici, Alexandre-Benoît peut être considéré comme un bienfaiteur de l'humanité qui en comporte si peu et de si mauvais aloi.

J'ai la pudeur de ne pas m'attarder sur les lieux de son tôt-fait, bien que la personne qu'il honore se tienne la tête dans l'oreiller. Elle est agenouillée pour mieux proposer aux ardeurs béruréennes l'objet plantureux qui les provoque et que Sa Majesté besogne avec élégance, agenouillé entre les jambons de la chambrière, un poing à la hanche, son autre main posée sur l'encolure de la donzelle, dans l'attitude relaxe de d'Artagnan cheminant en direction de Paris sur la rosse que lui donna son vieux père.

Du pouce je lui désigne ma chambre.

Il opine (alors là c'est le cas d'y dire).

D'une voix feutrée, il me déclare :

— Juste un p'tit canter avant d' la finir et j' sus t'à toi : j'ai des choses à t' dire.

* * *

— Où qu' t'étais passé, boug' d' vache ? j' commençais à me cailler la laitance !

— J'ai vu, lui dis-je. Ton désarroi aurait arraché des larmes à un crocodile.

— Tu viens d'où est-ce ?

— Des obsèques de Ted Thomson.

Force m'est de lui narrer. Je. Sans détails superflus, ayant un sens inné du résumé.

Pour finir, je lui montre le manuscrit déniché dans la canne à lancer de W. C. Il le lit, siffle presque admirativement.

— Tu devrais pas garder ça sur toi, me dit-il, suppose que les gonziers de cette noye nous chahutent, c' serait dommage qu'ils te piquent ce faf !

— C'est pourquoi je vais le glisser dans un montant de mon lit, puisqu'il a déjà l'habitude d'être roulé ! Alors, ces choses que tu avais à me dire ?

Quand tu vois le Gros bomber le torse, abaisser ses stores de deux centimètres, roter bas et se toucher le nœud à travers la poche de son pantalon, tu peux être assuré qu'il va te lancer la réplique du siècle. Quelque chose équivalant au « Bon appétit, Messieurs » de Ruy Blas.

Fectivement, il se décape le gosier d'un raclement identique au changement de vitesse d'une vieille B. 14 gravissant l'Izoard.

— Le Père O'Goghnaud est mort !

La nouvelle me détonne. Pas que j'éprouvasse un amour irraisonné pour le vieux religieux agonisant, aperçu hier sur sa couche, mais je trouve qu'il vient de décéder à un moment charnière de l'affaire. Opportunément, disons-le.

— Comment as-tu appris la chose ?

— Par le curé. Il est venu te l'annoncer, sachant qu' tu t'intéressais au vieux moine. Ce con s'est pointé juste comme j'embroquais la taulière, c' matin. Comme il est miro, il a cru qu'é s'était trouvée mal et qu' j' lu pratiquais la respirance artificieuse.

Le Magistral bâille en grand, ce qui permet de constater que ses amygdales ressemblent à des aubergines gâtées.

— Comme j'avais pas d' nouvelles de toi, j' sus été me baguenauder jusqu'à « Hurlé morninge housse ». Y'avait tout un branlemoi : des bagnoles, des gens... Je m'attendais plus ou moins d'être filoché, p't'êt' même matraqué, mais non : j'ai circulé sans qu' personne s'occupasse de moi.

Je vais décrocher ma soutane à liséré violet.

— Allons lui rendre les ultimes devoirs, dis-je.

— Mince, après tout ce qui s'est passé ? objecte Béru.

— Et alors ?

— Non, rien, t'as raison, le culot c'est payant.

— Et puis il est grand temps que je présente mes condoléances au cher neveu d'O'Goghnaud.

— Pour la mort de son onc' ou parc' qu'il est cocu ? ricane l'Enflure ambulante qui ne rate jamais l'occasion de placer une facétie.

* * *

S'il y a eu de l'agitation au cours de la matinée, aux abords de « Early Morning House », le calme s'est rétabli en cette fin d'après-midi. Des enfants blond-roux, rigoleurs, jouent au « policeman et au robber ». La vie continue, quoi. Et c'est ça qui est réconfortant, en somme, cette pérennité implacable. Les morts s'en vont, les écrits restent. Parfait, bravo, remettez-m'en six caisses. Ma philosophie ne pisse pas loin, je sais, on me l'a dit : des cons qu'en ont une à longue portée, missile connerie-connerie ! Moi, c'est juste missile terre à terre. Bien suffisant pour mes besoins de la cause, ma vache ! Faut pas essayer de penser plus haut que son cul, ça flanque le vertigo.

La Royce s'arrête devant la lourde. Mrs Aïlikitt apparaît, plus belle que jamais depuis qu'elle a été royalement baisée par un garçon de valeur sachant ce que bander veut dire. Elle rougit de confusance en m'apercevant.

— Ainsi donc, ce pauvre Père a défunté ? je lui demande.

— Cette nuit, répond-elle.

Donc, elle ignorait le décès du cher homme quand elle est venue tâter de mon zoom, ce morninge à l'auberge.

— Je désirerais lui donner ma bénédiction épiscopale, madame.

Elle semble hésiter chouchouille, puis s'efface.

Et alors, on entre dans la chambre mortuaire. On a repoussé le lit contre le mur. Au mitan, y'a deux tréteaux avec un cercueil tout neuf dessus, dont le crucifix d'argent brille à la lumière rasante du sun couchant.

— Il est déjà en bière ? m'étonné-je.

— Oui, il a fallu, car son pauvre corps...

Elle se tait pour me faire comprendre qu'il fouettait, O'Goghnaud. T'as des gonziers qui se saponifient plus rapidement que d'autres sans qu'Airvouique n'y puisse rien.

Je file sur le cercueil une petite bénédictine maison, urbi, mais sur orbite. Poum, voilà !

— Je voudrais présenter mes condoléances à votre époux.

— Il s'est absenté.

— Mais il va rentrer ?

— Sans doute !

Son regard est un peu bizarre à Mrs Aïlikitt. Chaviré. Vaguement craintif. En tout cas plein de mensonge.

Pour tout te dire, elle semble être dans ses petits souliers (en irlandais : little shoes). Alors, l'Antonio décide qu'il ne jouera pas les truffes dix secondes supplémentaires.

Béru attend devant la tire en mangeant la sucette au caramel d'un des enfants.

Je l'hèle :

— Psst, le sacristain !

Il se pointe.

— Je viens de décider d'explorer le premier, Mec. Surveille-moi un peu le bas pendant ce temps.

Et, sans demander l'avis de ma conquête du matin, je m'engage dans l'escalier.

— *But, where did you go !* exclame la toute belle. *Where did you go* donc ?

— Je cherche les toilettes, réponds-je, pardonnez-moi.

— Elles sont ici, ici, ici ! m'implore quasiment presque dame Aïlikitt en me désignant un renfoncement de l'entrée.

— Je préfère celles du haut !

Et ça suffit, je ne réponds plus à ses hélages. La première porte donne sur la nurserie. Joliment décorée de créatures enfantées par Walt Disney. Car enfin, l'art véritable de ce siècle, celui qui l'aura le plus marqué de son empreinte, qui aura eu le retentissement le plus universel et le plus profond, ce n'est ni celui de Picasso ni celui de Kandinsky, pas plus que celui de Miro ou de Magritte, non, l'art souverain du vingtième siècle restera celui de Walt Disney. Les nains de Blanche-Neige et le canard Donald demeurent les créations les mieux abouties, celles dont l'impact aura été le plus grand. L'individu de notre époque appartiendra à Disney, jusqu'à la fin de ses jours et des jours de ses enfants. Le Cubisme, le Surréalisme, l'Abstrait ne signifient rien comparés à Atchoum ou à Bambi.

Le monde actuel n'est plus l'œuvre de Dieu, mais celle de Disney. Et nous sommes désormais les frères cadets de Mickey et des Trois petits cochons !

Deuxième porte : elle donne sur une *camera* vide, pleine de gravures pieuses.

La troisième est la bonne. C'est celle de la salle de bains. T'admettras que dans ce bled, la salle de bains est le dernier endroit où l'on cause. Cette nuit, j'ai déniché trois malfrats dans la mienne, dans celle des Aïlikitt, j'ai la bonne fortune de découvrir le maître de maison en compagnie d'une charmante infirmière brune, au regard trop « fait » (y'a tellement de couleurs autour de ses orbites qu'on est obligé de trier pour pouvoir dénicher sa prunelle).

— Hello ! je leur lance aimablement.

Ils sont debout contre le mur, près de l'armoire à pharmacie, à gauche de la porte.

— Dites donc, c'est pas très convenable ! leur dis-je, ce genre d'endroit est généralement destiné à une seule personne.

Aïlikitt est un garçon maigre, plutôt banal, mais il a l'air grincheux. Son instant de désarroi passé, il m'interpelle ; car les grincheux, leur grincherie leur tient lieu d'énergie.

— Que faites-vous ici ?

— Je vous cherche. Et voyez comme le Seigneur est miséricordieux : je vous trouve.

— Que me voulez-vous ?

— Du bien, cher monsieur. Quelque chose me dit que vous vous êtes engagé dans une vilaine histoire d'où je ne demande qu'à vous sortir.

— J'ignore ce dont vous parlez et je n'ai besoin de personne. Veuillez quitter cette maison immédiatement !

— Vous feriez mieux d'appeler la police ! lui souffle la donzelle brune au regard en patchwork.

— Ne croyez-vous pas ? demande Aïlikitt, mais en anglais, bien entendu.

— Certes, je.

— Oui, il serait préférable.

— Alors il faut !

Le mari de ma bien-aimée s'apprête à me passer devant. C'est le moment que ne choisit pas (car il s'impose à lui) monseigneur San-Antonio pour perdre les pédales. Quand tu joues trop longtemps avec tes nerfs, ce sont des choses qui arrivent. Le déclic, c'est la sale gueule du mec qui l'occasionne. Je te me le biche par le collet et j'amène sa bouille à moi, en même temps que ma tête va à lui. J'en ai une giclée d'étincelles sous la coupole. Lui, j' sais pas, car il se met en flaque sur le carreau. La gonzesse infirmieuse n'en revient pas.

Et elle n'en revient pas très peu de temps vu qu'emporté par ma rage froide et solitaire, je la foudroie d'un crochet au porte-jugulaire : rran!

Tout le monde est descendu en pays minier...

Et maintenant, que vais-je faire?

CHAPITRE XVIII

Et maintenant, que vais-je faire ?

— Oh sacré bongu de bois ! glapit l'Hénorme.

J'ai déjà descendu la moitié de l'escalier. En deux bonds j'élimine l'autre.

Bérurier se tient dans le couloir et il a la main devant sa bouche. Il me désigne la pièce où se trouve le cercueil. Intrigué, je m'en approche, mais une odeur effroyable me saute dans les trous de nez. Ça pue la charogne.

— J'ai dévissé la boîte à dominos, m'explique mon pote. Si t'as du courage, va mater !

Je plaque mon mouchoir sur mon nez, me retiens de respirer et fonce à la bière. Madoué ! Si je m'attendais ! Le cadavre qui repose là-dedans est plus décomposé qu'un rayon de soleil venant de traverser un prisme. Dominant mon indicible répulsion, je me force à regarder le vieillard barbu, drapé dans sa robe de bure. Il est très vert pour son âge, ce mort. Être clamsé depuis moins de vingt-quatre heures et se trouver dans un tel état constitue un exploit.

Je retourne dans le hall. L'abominable odeur se répand à la vitesse grand vent. Elle investit toute la masure des Aïlikitt.

— Quelle idée t'a pris d'ouvrir ce sarcophage, Gros ?

— Mon sens de l'observance, Mec. J'ai r'marqué qu'on avait placé un' bande de caoutchouc pour faire joint autour du couvercle, et surtout qu' les vis étaient rouillées par endroits et un angl' du cercueil humide. A y r'garder d' près, j'ai eu l'impression que cette boîte à biscuits était fermaga d'puis un certain temps déjà.

— Génial, Gros.

Il pavane du goitre.

— T'es bien d'accord qu' le locataire de cette guitoune est pas décédé d' la noye ? Il a perdu sa fraîcheur Colgate.

— Et comment !

— Donc, s'agit pas du père O'Moncul ?

— Je pense que si, au contraire.

— Mais...

Je lui intime de la fermer.

— Je crois comprendre que ce mort est bien le père O'Goghnaud. Par contre, l'agonisant que j'ai vu hier était un autre monsieur.

— Qui ? demande-t-il dans un souffle.

— Devine ?

— Nom de Dieu !

— Eh oui, mon Gros.

— T'es sérieux ?

— Sérieux, oui. Mais dans le vrai, ça, ça reste encore à prouver... C'était si parfaitement imité...

— Vernon O'Bannon ?

— Probablement. Pour que ce vieux truand puisse idéalement se planquer, il devait prendre la personnalité de quelqu'un d'autre. Alors il est devenu le père O'Goghnaud.

— Et le père O'Goghnaud ?

— Lui, il est devenu un mort en décomposition.

Un mort qu'on a placé dans un cercueil et déposé dans un endroit frais en attendant la suite des événements. Voilà pourquoi les vis de sa bière était rouillées et l'un des coins humide.

Je boxe ma main droite de mon poing gauche (la boxer du droit tiendrait du prodige et je n'ai pas envie d'épater la galerie en ce moment).

— Dire que j'étais à cinquante centimètres de O'Bannon, hier.

Sa Majesté, bien que roi des cons, sait rester raisonnable en bien des circonstances cruciales, et même cruciverbistes.

— Vas-y tout d' même molo, monseigneur. T'as pas d' preuve, juste des suppositances...

Mais il a beau exhorter, mon Saint-Siège est fait, comme je dis souvent, sans même être fringué en évêque. Hier, je me trouvais au chevet de Vernon O'Bannon, oui, madame ! Il me suffisait de lui arracher sa barbouse pour le démasquer, si j'ose m'exprimer de la sorte.

— Le gusman à ta chérie est fatalement dans le coup, il va nous bonnir l'historiette dans tous ses détails.

On grimpe l'escadrin comme deux Sénégalais n'ayant pas éjaculé depuis six mois escaladent les marches d'un lupanar.

C'est pour découvrir cette patate d'Aïlikitt entièrement mort de tu sais quoi ? Non, si je pensais me pencher un jour sur un assassiné pareil ! La dame infirmière lui a enfoncé l'embout chromé d'un séchoir à cheveux jusqu'au fond de la gorge après avoir branché l'instrument. Et le pauvre neveu du défunt père O'Goghnaud, les soufflets scrafés à l'air chaud, est mort étouffé de la pire manière.

Son tonton qui est assis à la droite de Dieu (quand t'as le pot de t'asseoir à la table de Dieu, c'est toujours à sa droite, si bien qu'il a personne à sa gauche, le bon Seigneur, ce qui revient à dire qu'Il est en bout de table, non, si je calcule bien ?) et qui l'attend pour lui faire un doigt de morale paradisiaque ; comme quoi voilà ce qui t'arrive quand tu te files dans ce genre de bouillabaisse à la paf !

On a beau débrancher le séchoir, palper le poitrail du julot, on ne lui trouve plus de tonalité à ce biquet. Quant à l'infirmière (celle-là, je la mets entre guillemets en attendant d'entre quat' murs) elle s'est taillée par la fenêtre de la salle de bains, laquelle donne au-dessus d'un appentis.

— Fonce, Mec ! Essaie de me récupérer cette pouf, nom de Dieu !

— Tu parles qu'elle est déjà loin ! tonne le Mastar en catapultant.

Je reste accoudé au fenestron, sondant les alentours, tout en récapitulant le nombre de types qui sont déjà tombés au champ d'honneur dans ce polar de merde ! L'hécatombe chez le docteur Martin, le policier au *Gresham*, Ted Thomson, le père O'Goghnaud, et à présent Aïlikitt... Je dois en omettre. Faudrait tout relire. J'ai pas le courage... Dans notre job, c'est ça le plus dur : se relire. On s'y risque pas ! Que les bras nous en tomberaient, même si on en possédait autant que le père Bouddha. Tant de turpitudes, tu penses !

*
* *

La môme Aïlikitt qui s'est pointée, encuriosée par nos allées-venues galopantes, eh ben mon vieux, franchement, elle est très bien. C'est inouï ce que les nières montrent de l'aptitude à être veuves. Elles surmontent mieux leur veuvage que leur ménopause, j'ai remarqué. Il existe dans toute femme mariée une veuve qui sommeille. Quand la mort du cher conjoint (disjoint pour le coup) la réveille, instantanément elle est parée pour la manœuvre. Qu'elles soient brunes ou blondes, le noir leur va. Elles savent instinctivement que leur longévité est supérieure à celle du mâle, alors ça les prépare moralement à assumer leur solitude.

La délicieuse friponne marque de la stupeur, ça oui, comment en serait-il autrement ? Mais de la douleur, fume ! Elle veut se faire expliquer. Ce dont je. Et puis elle remue son époux du bout du pied, comme pour s'assurer qu'il est parfaitement *out*. Rassurée sur ce point, elle murmure :

— Que va-t-il se passer ?

Je l'entraîne dans la première pièce venue qui est sa chambre. Non pour lui faire re-belote, mais parce qu'une conversation s'impose. Apre, tendue, bref : sérieuse.

— Mon pauvre amour, nous voici maintenant au cœur de la nuit, attaqué-je très romantiquement. Il va falloir me dire tout ce que vous savez, et improviser tout ce que vous ignorez.

Là-dessus, je lui résume la situation : le mort du bas qui n'est pas le type d'hier et tout ça, le reste. La manière qu'on a substitué l'un à l'autre. Enfin tu vois le topo, pour peu que tu aies lu une ligne sur dix de ce livre (à partir d'une ligne sur douze, ça a beau être simpliste, on perd le fil) ?

— Voulez-vous dire, *chéri* darling (elle prononce le chéri en français, comme si c'était de la liqueur de cerises) que nous avons hébergé pendant plusieurs jours un gangster ?

— Je veux le dire, oui, mon âme.

— Et mon mari l'ignorait ?

— Impossible. Il était de connivence.

— Mais c'est un homme intègre !

Elle en parle encore au présent, la pauvrette.

— Sans doute a-t-il subi des pressions ?

— Ce n'est pas son genre. Il est... enfin, était, très rigide, plein de principes et... vous voyez ce que je veux dire ?

— En gros, oui. Pourtant il n'a pu se laisser refiler comme tonton un bonhomme qu'il n'avait jamais vu ? Le soi-disant médecin qu'il faisait venir de Galway était un docteur bidon ; j'ai vu le véritable aujourd'hui : il ignore tout du père O'Goghnaud et n'a pas remis les pieds à Oughterard depuis l'invasion anglaise. Sans doute le pseudo-toubib était-il un complice de O'Bannon chargé d'assurer la liaison avec l'extérieur.

— Mon Dieu ! Mon Dieu ! dit-elle par deux fois, exactement comme je le transcris ici, mais en irlandais, avec toutefois des points d'exclamation français.

— Jamais vous n'avez soupçonné que ce malade n'était pas un vrai malade, ce vieillard un vrai vieillard, ce moine un vrai moine ?

— Jamais. Il a parfaitement joué son rôle. Chéri darling, vous me croyez, n'est-ce pas ? Vous ne me soupçonnez pas d'avoir participé à ce... à cette chose ? Vous n'imaginez pas que... que notre entrevue de ce matin avait un but secret, honteux ? Que je suis allée vous voir pour tenter de vous circonvenir ?

Tu penses bien que je doute d'elle, sans blague ! Je ne serais pas l'éminent limier que tu sais si je becquetais dans sa gamelle sans arrière-pensée. Mais à quoi bon le lui dire ?

— Non, mon petit cœur, rassurez-vous, mon instinct ne me trompe pas. Je sais que vous êtes l'innocente victime de cette machination.

— Il va falloir prévenir la police, maintenant ?

— Vous le ferez dès que nous serons partis.

— Et que devrai-je dire ?

— La vérité, mon amour. Toute la vérité, ainsi vous serez certaine de ne commettre aucun faux pas.

— Je devrai parler de vous aussi ?

— Toute la vérité, vous dis-je. Je fais partie de cette vérité, n'est-ce pas ?

Retour du Mammouth, essoufflé, rouscailleur, postillonneur.

— La charognerie m'a échappé, j' ne l'ai plus r'vue. Ell' a volatilé, littérairement.

— Remets-toi, Gros !

Mais autant ordonner à la Soufrière de fermer sa gueule lorsqu'elle érupte.

— J' veux pas en remett', Mec. Mais t'as été un poil léger d' les laisser seulâbres là-haut, ces deux z'oiseaux.

Sa prise à partie me déconcerte.

— Je venais de les aligner, Gros.

— Lui, j' te fais confiance, mais elle, tu l'as chipotée, la preuve ! La manchette-plumeau, j'imagine ça d'ici, galantin comme est Môssieur ! Une gonzesse et il trémousse du fion, ajoute-t-il perfidement à l'intention de la veuve. Les nanas, c'est son point faiblard, à ce gusman. Une qui s' remonte les loloches sous son nez, et l' v'là parti en caramel. Le digue-digue du cul ; on l' changera pas !

Heureusement, Mme Aïlikitt n'a pas le privilège de parler la langue du beau Marchais.

Pour ma part, je le laisse dérouler son câble de sarcasme, Béru. D'autres problos bougrement plus préoccupants me fraisent la matière grise.

J'essaie d'adopter un plan de conduite. Notre position est devenue à ce point intenable que j'ai grande envie de déclarer forfait, moi. Je me retirerais bien au monastère sur la hauteur, là que le père O'Goghnaud achevait sa lumineuse existence avant que cette crapule d'O'Bannon se pointe pour lui chanceti-quer ses derniers jours terrestres. Prier et méditer, chanter en canon, en boire, ça doit te reposer de la connerie universelle, non ?

Un bruit de bagnole nous fait sursauter.

Ça freine pile, des portières claquent. Une seconde guinde radine et comporte de même.

— Vingt-deux : les flics ! aboie le Gravos !

Je risque un œil par la fenêtre (à guillotine, déjà !).

Une meute de poulardins tout de noir vêtus déboule dans la cour, se jette sur notre Royce, puis se rabat vers la maison.

— Tout est foutu ! dis-je.

— Et ta sœur ? répond l'Obèse. Taillons-nous par une fenêtre de derrière !

Il joint le geste à tu sais quoi ?

La parole, parfaitement !

Je le suis sans trop y croire.

Aller où ?

Et y faire quoi ?

CHAPITRE XIX

Aller où ? Et y faire quoi ?

Je pense que ce qui nous sauva la mise, comme disent les croupiers, ce fut l'énorme massif de rhododendrons (ou assimilés, tout ce que je puis certifier c'est qu'il s'agissait d'éricacées) situé derrière la maison des Aïlikitt. Un bouquet gigantesque, vraiment. D'au moins vingt mètres de circonférence ! Nous nous y précipitâmes, la fenêtre de la cuisine franchie, et nous nous couchâmes entre les tiges, sur un amas de feuilles pourrissantes. Il était évident que nous ne pouvions envisager autre chose que de nous terrer là et de n'en plus bouger, nos homologues irlandais ayant eu tôt fait de se lancer à nos trousses. Outre les rhododendrons, les déclarations de ma jolie maîtresse (j'avais tout mis en œuvre le matin pour qu'elle puisse se prévaloir de ce titre envié) furent pour beaucoup dans notre salut, l'excellente femme ayant assuré à ses compatriotes en uniforme que nous avions quitté les lieux depuis dix bonnes minutes afin de courir après l'infirmière. Un vaste dispositif policier s'organisa donc, qui s'égaya dans les environs, sans songer à nous chercher près de « Early Morning ». Nous passâmes trois grandes heures dans la touffeur des plantes dicotylédones, Bérurier à dormir, moi à craindre et à réfléchir. La nuit tardive dans ces contrées finit par arriver. Une voiture de flics repartit, une ambulance vint. Puis des automobiles privées. Et alors j'éveillai mon compagnon et l'invitai à profiter de l'obscurité pour. en ma compagnie, la fausser à la gent policière. Ce que nous fîmes incontinent et en rampant, ce qui n'est pas contradictoire.

Avec un minimum de bruit pour un maximum de vitesse. nous reptâmes jusqu'à la route, la traversâmes, poursuivîmes notre cheminement chenilleux en direction du lac dont nous atteignîmes la rive peu après. Nous eûmes la bonne, l'excellente fortune, la Providence étant des nôtres, de trouver une barque de pêche munie de ses rames. Son cadenas était aussi modeste que nos ambitions. Nous pûmes donc nous emparer de l'esquif et nous éloigner de cette rive inhospitalière. La lune avait des velléités, mais les nuages préparant la pluie du lendemain les réduisirent à presque néant. Bref. au bout d'un temps difficilement appréciable, nous eûmes franchi le lough Corrib en son point le plus étroit, nous relayant pour ramer avec l'énergie de ce que tu sais, nous encourageant de la voix, et séchant notre sueur à la brise nocturne.

Parvenus sur la terre ferme, nous remerciâmes notre embarcation d'un coup de pompe dans le cul, et elle s'en fut au gré du flot.

Nous hésitâmes alors entre : nous jeter à genoux pour remercier le ciel de sa clémence ou aller casser une croûte. De basses exigences organiques nous induisirent à choisir la seconde solution.

***

C'était une petite fermette blafarde, à la façade coupée d'un rosier grimpant. Des moutons bêlaient à perdre leur laine dans un enclos voisin. C'eût été pastoral à chier partout si une malencontreuse voie ferrée n'avait traversé la cour, ainsi qu'une route. Cette conjoncture du rail et des ponts déchaussés se croisant inopinément au ras de cette fermette donnait à celle-ci les apparences d'une maison de garde-barrière. Les bras levés d'un passage à niveau, des feux bicolores et un tableau garni de sonneries électriques renforçaient cette curieuse impression.

Nous nous approchâmes de la fenêtre pour contempler l'intérieur du logis. Nous découvrîmes trois personnages : une femme et deux hommes. La femme mangeait des choses confuses, dont la comestibilité n'est reconnue qu'en Irlande et dans certains archipels perdus au nord de l'Écosse, le plus âgé des deux hommes dormait à même le sol sur des sacs à pommes de terre vides, le plus jeune qui était roux, crétin et adolescent, se masturbait sans joie devant un magazine dont la couverture représentait la princesse Anne d'Angleterre — déjà presque aussi belle que sa maman — sous une ombrelle aux courses d'Ascot. Un souci de la précision et du détail me pousse à dire ici que la tête qu'il trimbalait sur ses épaules était beaucoup plus petite que celle de son sexe.

Réconfortés par la vision de cette famille unie, prise dans son contexte, comme ils disent ces cons de foutredieu, nous nous permîmes d'entrer sans frapper.

La garde-fermière leva la tête. Un ruban sombre, gluant, dégoulinait de sa bouche. Elle l'avala d'une puissante aspiration. Le ruban se trémoussa, éclaboussant les abords, puis disparut dans la dame. Je prétendis que nous étions deux touristes dont l'automobile venait de tomber en panne et que nous souhaitions trouver, moyennant finances, de quoi manger et téléphoner. Pour téléphoner, il y avait ce qu'il fallait au mur. Manger représentait une autre paire de manches-gigot.

La femme était obligeante. Elle interrompit son repas pour nous le proposer. Nous lui expliquâmes, non sans les plus élémentaires ménagements, que nous n'étions pas scatophages, quoiqu'il y parût lorsqu'on regardait Béru, et que nous consommions uniquement des denrées susceptibles d'assurer la survie d'un mammifère. Pendant que je parlais, le microcéphale continuait de s'astiquer la tige avec l'énergie de l'espoir (celle du désespoir étant de la gnognote en comparaison).

Peu d'anormaux en rut résistent à la photographie de la princesse Anne, surtout lorsqu'un vent britannique gonfle ses jupes à lui en découvrir les genoux. Le fiston de la garde-barrière émit brusquement un grand cri, qui parut être de surprise, et fit voler son désir en éclats qu'ensuite il écrasa du pied, comme s'il voulait symboliquement condamner sa descendance, ce qui me parut être dans son cas la plus sage des initiatives.

Le père dormait toujours et nous constatâmes qu'il berçait contre soi une bouteille de whiskey complètement vide. Là-dessus, un train concassa l'univers, la fermette comprise, en nous déferlant au plus ras. Notre hôtesse regarda à l'extérieur, sans émotion apparente, et se félicita de ce qu'aucune voiture automobile n'eût traversé les voies à cet instant car elle avait omis de baisser les barrières. Ensuite de quoi elle s'en fut chercher des œufs, nous donna du bacon et du cake irish, et nous fîmes un repas sans mystère mais substantiel.

*
* *

Le bigophone sonne, sonne et resonne, lancinant, implacable. Il est impossible qu'on ne réponde pas à une sonnerie pareille, quand bien même il n'y aurait personne. Un carillon aussi véhément, je te jure qu'un fantôme n'y résisterait pas. Effectivement, après une bonne quinzaine de stridences, le crabutoire est crabuté.

— Beston ! déclare négligemment sir Beston.

Comment il réussit à trouver, encore ensuqué, son ton de lord dans son club, cézigue, vrai, c'est un mystère !

— Ici San-Antonio, mylord.

Un court silence. Il soupire :

— Oh, vous !...

— Oui, mylord : moi.

— Vous venez encore de faire parler de vous si j'en crois la radio. Je vous signale que, par mesure de précaution, je suis allé déclarer le vol de ma Rolls-Royce à la police du Comté.

Prudent dans ses imprudences, le mylord ! Il assure ses arrières.

— C'est probablement une sage mesure, conviens-je. Avez-vous de quoi écrire, mylord ?

— Pourquoi ?

— Pour noter l'adresse du lieu où nous nous trouvons afin que vous puissiez venir nous y chercher avec la voiture de W. C.

M'est avis que je lui pompe l'air. D'ailleurs il me le dit sans jambages.

— J'aimerais croire que vous plaisantez, mon cher !

— Vous aimeriez le croire, mais vous ne le pouvez, mylord : je suis on ne peut plus sérieux.

— Il n'est pas question que je me manifeste davantage dans vos déroutantes activités, riposte-t-il.

Et il raccroche.

— Chez Plume ? demande Bérurier qui en est à sa cinquième bibine et qui se sent du vague à l'âme au point de conserver sa main au chaud entre les cuisses de la ferme-barrière.

— Il a tort, assuré-je.

Je recompose en trombe. T'as jamais vu composer un numéro de bignou en trombe, toi ? L'index en folie ! A croire que t'en possèdes une demi-douzaine et que tous ont la danse de Saint-Guy ?

J'espère qu'il répondra. S'il me boude, notre position deviendra coton. J'ai eu tort de pas entrer dans le gras du sujet bille-en-tronche. Les préambules, y'a rien de plus chiatique.

Mon péché mignon, mécolle, c'est le dialogue. Faut toujours que j'essaie de placer un gazouillis à tendance spirituelle. Je crois que ça fait bien, mais en réalité j'use la situation.

Il répond, sachant que c'est moi, prêt à me lancer une tirade cinglante, prêt à raccrocher de nouveau.

Alors, bibi, express :

— C'est rapport au petit garçon de Manchester, mylord !

Et enlevé c'est pesé !

Je sais qu'il ne raccrochera pas. Que j'ai tout mon temps désormais. La balle est dans mon camp. Je tiens enfin le marteau par le manche.

Son silence est mélodieux comme le bruit de deux doigts dans une chaglate.

Alors, de mémoire, je récite le début du document engourdi dans la canne à pêche de Wallace Coy :

« *Je soussigné, Edward, John, Arthur Beston, déclare m'être, dans la nuit du 16 au 17 avril 1969, rendu coupable du crime suivant...*

— Dois-je m'interrompre, mylord, ou bien poursuivre ?

— Vous avez mis la main dessus ? murmure-t-il.

— Comme vous le constatez, mon bon. Je m'attendais à quelque chose de ce genre, mais je ne pensais que ce fût aussi sordide ni surtout aussi grave. Fichtre, le cher Coy avait vraiment envie d'une retraite douillette pour écraser l'assassinat d'un petit garçon. Je ne croyais pas possible qu'un haut fonctionnaire de la police britannique puisse en arriver là. Un gamin de dix ans, sodomisé et étranglé dans un studio de Manchester… Certes vous avez eu une crise de folie érotique, mais tout de même… Enfin, ce n'est pas le tout, vous avez de quoi écrire, oui ou merde, mylord ?

CHAPITRE XX

Oui ou merde, mylord ?

A nouveau, la garde-barrière, sabrée de première par le Mammouth, a oublié d'actionner la manivelle. Le rapide Varsovie-New York est passé dans un bruit Denfert-Rochereau. Heureusement, la circulation est positivement nulle en Irlande, la nuit. Et même de jour, tu sais, c'est jamais les Grands Boulevards ! Aussi, quand je perçois le ronflement d'une tire, sais-je aussitôt qu'il s'agit de sir Beston. L'auto cesse d'être mobile à quatre-vingts centimètres de la porte. Mylord paraît, élégant, mais camouflé sous les bords d'un large chapeau d'artiste. Il reste out, se contentant de frapper au carreau pour m'attentionner.

— En route ! lancé-je à Béru.

Mister Mastar roule une ultime galoche française à la non-garde-barrière, puis il me suit en bâillant. Mais, au lieu de sortir, il se ravise et retourne dans l'antre des trois demeurés.

— Tu t'amènes, oui ? m'impatienté-je.

Il paraît, content de soi, comme toujours. Sir Beston est d'une humeur à ne pas mettre un collège de garçons dehors. Je me cabre en apercevant une seconde silhouette dans l'automobile.

— Qui est-ce ? demandé-je.

— W. C.

— Les vieilles alliances se sont renouées ! plaisanté-je. Si vous espérez me piquer le document à vous deux, vous l'avez dans le baba, mylord, car il est en lieu sûr, suivant l'expression consacrée.

Il s'abstient de tout commentaire. C'est pas un homme d'action, sir Beston. Les expéditions nocturnes ne l'amusent pas, sauf lorsqu'il s'agit d'aller chasser le minet. Il vient de comprendre qu'il a troqué son cheval borgne contre un cheval merveilleusement voyant, un pur étalon de la vision ! Il regrette de m'avoir fait appel pour récupérer sa confession manuscrite. Tant qu'elle était en possession de cette vieille canaille retraitée de W. C., il lui suffisait de cracher au bassinet pour être peinard. L'ancien superintendant savait se contenter du nécessaire et de très peu de superflu. Habitué aux maîtres chanteurs, il n'ignorait pas qu'il faut savoir modérer ses ambitions pour ne pas fatiguer le « client ». Maintenant que la balle a changé de camp, sir Beston sent qu'on va lui tirer des drôles de pénalties ; alors il en veut à la terre entière et surtout à lui-même, pauvre cruche qui a cru se dégager des mâchoires d'un piège, mais qui s'est fait happer par un autre. Tu mords ?

— Hello, Wallace, en forme ? fais-je en prenant place à l'arrière de la chignole.

Il renifle sans se détourner. En somme, je lui ai arraché ses revenus, à cet homme. Y'a de quoi marquer du ressentiment

— Où allons-nous ? demande mylord, après qu'on soit tous installés.

J'ai déjà réfléchi à la question.

M'y suis embarrassé l'esprit.

Lui ai trouvé une réponse, comme on trouve toujours des réponses aux questions merdiques lorsqu'on le veut absolument.

— Oughterard, mylord, please. Il vous suffit de contourner le lac.

Ma requête provoque une réaction de sa part.

— Si j'en crois la radio, vous n'êtes guère en odeur de sainteté dans cette aimable localité ? objecte-t-il.

— Justement, mon cher ami, je brûle de m'y faire absoudre. J'ai horreur de laisser une fâcheuse impression derrière moi.

*
* *

Les deux maussades personnages nous ramènent au pays natal de Vernon O'Bannon. Tout dort et il serait vain de chercher les traces de la tragédie qui créa un si grand émoi dans la localité. Les rues sont vides, les façades obscures. Pas la moindre trace de poulardins. L'Irlande, c'est ça : la dorme avant tout ! Les pays tranquilles, tu remarqueras l'importance du sommeil. Ils sont somnolents par essence. Léthargiques, quoi. Faut qu'ils roupillent. Eux autres, l'IRA, bon, d'accord, les révolutions, révoltes, guerres religieuses, ça les met en effervescence mais ne les empêche pas d'en écraser. Le plus fortiche, c'est qu'on n'aperçoit même pas une guinde policière. Les enseignes (de vaisselle, y'a pas de vaisseaux à Oughterard) grinçaillent au vent d'ouest (ou d'est, ce que j'en ai à branler, moi alors !). J'ordonne à mon noble chauffeur de nous stopper before l'auberge.

— Attendez-moi ici, enjoins-je. Béru, tu tiens compagnie à ces messieurs, n'est-ce pas ?

— Soye tranquille, Mec !

Tout à fait entre nous et la cathédrale de Chartres, faut-être gonfflaga pour revenir sur le terrain de nos exploits. Mais tu sais de longue date ma témérité ? Au plus y'a de risques, au plus je suis partant. Bayard, en comparaison, c'était le dernier des foireux, un brunisseur de slip, un castagnetteur de dentier.

Nanti de mon petit sésame, je délourde la porte de l'hôtel, monte sans bruit jusqu'à ma chambre, donne la luce et redescends.

Où ? tout simplement dans la salle de restaurant dont la baie en rotonde permet une vue imprenable sur la rue principale du village. Je m'embusque derrière une magnifique plante verte posée dans l'embrasure. Ainsi tapi dans l'ombre, j'attends. Ça te la coupe, hein ? Remarque, pour le peu que tu disposes...

Que je t'explique mon raisonnement simpliste (tout ce que j'avance au plan philosophique est d'un simplisme à se pisser contre, c'est ce qui me permet d'être compris de tous. Se faire comprendre des gens intelligents, c'est facile, voilà pourquoi mes zillustres confrères se mettent la gamberge en « 8 » pour chier des phrases hermétiques, manière de compliquer un peu le jeu. Ce faisant, ils se ferment à double tour la comprenette des moudus. Tandis que moi, je pense au con avant tout. Si le con me comprend, à plus forte raison le génie. Les grands penseurs qui sont souvent très cons — t'as qu'à les écouter rabâcher à la téloche — négligent les analphabètes, les consternants de la coiffe, les gélatineux du bulbe. Conclusion : ils doivent se contenter d'un lectorat réduit. Ils sont triomphants parce qu'ils ne touchent qu'une élite. Y'a pas de quoi pavoiser, cependant, parce que l'élite est minoritaire et qu'on a jamais rien gouverné — pas même un bol de soupe — avec une minorité).

Alors, pour te revenir à mon raisonnement élémentaire (à terre), il est ceci : O'Bannon est venu se planquer à Oughterard. Il y dispose d'une équipe qui réagit à tout ce qui bronche. A preuve, nous fûmes suivis dès notre première visite aux Aïlikitt, trois terreurs ont pénétré dans ma carrée dès la première nuit, une infirmière extrêmement spéciale occupa la demeure de ma dulcinée dès que nous eûmes le dos tourné. La police a été immédiatement alertée de ce qui se passait chez l'assureur alors que nous nous trouvions encore sur les lieux, le Gros et moi. Donc, sans qu'il y paraisse, Oughterard a des yeux et des oreilles venus d'ailleurs et qui guettent dans le silence de la nuit. Notre seule chance de pouvoir renouer avec ces mystérieuses gens, c'est de nous signaler à leur attention afin de leur donner envie d'intervenir une fois de plus.

Bien entendu, cette attitude comporte des risques. Mais nous sommes ici pour les assumer. Et voilà, poum ! J' te connais bien ; remettez-nous ça la patronne ! Je mijote derrière ma plante verte, un *casus belli* à corolle esbroufante, pendant une bonne quinzaine de minutes qui finissent par constituer un quart d'heure (de matelas). Rien ! Que dis-je, rien : nothing ! Le village est mort pour le compte. Il ne se remettra à vivre que demain morninge. Les troupes O'Bannonaises auraient-elles évacué la place ?

Dans la bagnole, les trois occupants doivent commencer à se faire vioques. Pourvu que Mister Mastar ne s'endorme pas ! Et c'est alors que je perçois un grincement à l'*intérieur de l'hôtel.* Aurais-je réveillé les tauliers ?

Pas de doute : on marche à l'étage au-dessus. C'est feutré, prudent, circonspect et tout ce que tu pourras ajouter pour renforcer cette idée sera le bienvenu, moi j'ai pas tellement de temps à perdre dans un bouquin qui ne sera ni repris ni échangé. Je me coule jusqu'au hall. Les bafles en alerte, je sonde les entrailles de l'auberge. Oui : quelqu'un se déplace au premier. Et quand on possède deux tympans aussi exercés que les miens, on est prêt à parier le contenu de sa culotte contre le vide de la tienne, que ce discret glissement s'opère dans ma chambre, laquelle est située au fond du couloir. Alors je fais, tu sais quoi ? Ni une ni deux, oui ! Un grand coup d'oxygène car je n'aurai pas le temps de respirer pendant le trajet et je m'élance dans l'escadrin.

La personne qui me visite nuitamment bat en retraite en entendant ma charge. Mais mon rush est si prompt que je me trouve nez à nez avec elle sur le palier du first floor. Je m'attendais à beaucoup.

Pas à ça !

— Hello, Cathy !

La fille kidnappée de Vernon O'Bannon. La merveille qui oublie ses slips en quittant les hôtels. Les bras ne m'en tombent pas, Dieu *thank you*, j'en ai bien trop besoin pour agripper mon Agrippine. Elle porte une chemise de nuit si légère qu'on n'a aucune peine à l'oublier. Vue à contre-jour, grâce au rectangle de clarté provenant de ma chambre, elle propose la plus ensorcelante silhouette dont un gonzier puisse rêver après s'être cogné une bonbonne de L.S.D.

— Dieu soit loué, c'est vous ! s'exclame à voix basse (ce qui est difficile à réussir quand on n'a pas fait le conservatoire) l'admirable créature.

Je me demande si c'est du bacon ou du pig. Cependant l'exclamation lui est partie du cœur.

N'écoutant que le mien, je me livre au bonheur des retrouvailles en la pressant contre mon corps en émoi, parcouru de frissons indicibles et tout, quoi ! Pas besoin de te faire un dessin, y'en a plein les vouatères publics. Elle est trémoussante. Elle fait « Ohh ! Aooo ! Aaaaaoh ! ». Je la ramène dans ma bédroume juste avant qu'elle largue définitivement les « o » pour ne plus proférer que des « a » Le fade, sache-le une fois pour toutes, n'a besoin que d'une seule voyelle pour s'exprimer pleinement. Et cette voyelle, c'est le « a », uniquement. Elle est la voyelle voyouse intégrale. T'entendras jamais une sœur prendre son foot avec des « u », tu penserais qu'elle tourne charretière, ni avec des « i », t'aurais l'impression qu'elle se marre, si elle le faisait à renfort de « o » y te semblerait qu'elle s'étonne et ça te flanquerait des complexes inopportuns. J'en ai connu une qui jouissait en « y » mais elle était native d'Athènes. Quelquefois, cependant, des nanas grimpent en mayonnaise à l'aide du « e » muet. Généralement, ce sont des ancillaires ou des frigides. La soubrette que t'enfiles, elle se gêne un peu tout de même, comprends-tu ! Le « aaaaa » elle le laisse à Madame parce que c'est franc et massif pour bruiter l'orgasme ; elle, programme commun ou pas, elle sait se contenter d'un « eeee » à deux mille balles par mois, nourri, logé, blanchi. Tu la vois pas se permettre des « aaaaa » tonitruants pendant que tu la calces à la sauvette quand elle passe l'aspirateur. Ce serait vachetement indécent, moi je trouve. Les frigides, elles font « eeeeee » parce qu'elles ne savent pas faire « aaaaa », tout culment. Elles croivent que c'est ça, glapir au panard ! Elles ont entendu causer de la chose. Le comment les fières salopes poussent des bramades en déboulant dans les azurs du septième ciel. Elles ressentent rien, veulent imiter sans connaître, sans éprouver, les malheureuses biquettes, que si t'enfilerais un Corneski ce serait du kif. Alors elles y vont de leurs « eeee » misérables ; pour coïts de sous-traitants.

Tandis que la merveilleuse Cathy, alors là ! Alors là ! Alors là ! Oh, pardon mon général, je vous avais pris pour le chasseur de l'hôtel ! Alors là, c'est le grand air de la Traviata. La tyrolienne malgache à l'ombre du baobab géant ! Le cri de l'ornithorynque de Tasmanie en gésine, le soir, au bord du Danube. (J'ai toujours eu un faible pour les monotrèmes : mammifère et ovipare tout à la fois, c'est pas le rêve ?).

Oh, la gentille, l'éperdue, la suave, la belle tiède et fière fille que voici, que voilà, que j'enlace, trop étreint, biennembrasse, calce, mignarde, musique, mouline, sublimise, sodomise, allémanise, fructifie, dévotionne, embroque, magistraltaque à bout portant, à peine perdue, cœur vaillant, bouche décousue, perdre haleine, gros flocons.

Comme ça. D'un trait, d'un élan. Pas moyen de se retenir. Avant de se poser mille questions, de se pleuvoir des pourquoi, des comment, des parce que. La fougue, la vague, la marée, la tornade.

Et tout en lui faisant ce que tant d'autres appellent l'amour et moi la vie-la mort-le néant-le résoluble. Tout en la, tout en me, tout en lui, j'évoque le merveilleux petit slip du Gresham. Il faudra que je le lui demande pour m'en faire une pochette.

Ainsi aurai-je toujours un endroit où fourrer mon nez !

CHAPITRE XXI

Un endroit où fourrer mon nez

L'histoire que me raconte Cathy O'Bannon est tellement incroyable que je prends le parti le plus sage : celui de la croire.

Quand des gens passablement évolués te donnent pour vérité des abracadabrances, c'est que ces abracadabrances se sont bel et bien produites, car sinon ils auraient inventé quelque chose de plus crédible, non ? Bien sûr, reste l'éternel problème du second degré : est-ce qu'on ne te promène pas dans un barlu doré pour que, justement tu te livres à la déduction ci-dessus pratiquée et que t'arrives à croire l'incroyable PARCE QU'IL EST INCROYABLE ? J'ai eu des cas. Mais ils étaient rares. Malgré z'eux je m'obstine à croire, car je sais que les gens les plus malheureux, ce sont les incrédules.

Ainsi donc, Cathy me narre les faits suivants. Ayant été kidnappée chez le Dr Martin après le massacre de la saint Valentin seconde version, auquel j'ai eu l'honneur de participer, elle a été relâchée quelques rues plus loin, sans un mot d'explication ; la seule chose que la « religieuse » lui ait murmuré avant de la laisser descendre, ç'a été : « Vous avez peut-être intérêt à ne rien dire et à laisser tomber tout ça ! » Ensuite de quoi, elle lui a fourré une liasse de livres dans le corsage et ils se sont quittés.

Comme tu le vois, mon vieux Bazu, c'est un peu duraille à gober.

— Et alors, qu'avez-vous fait, Cathy ?

— J'ai commencé par aller boire deux whiskeys pour me remettre de mes émotions.

— Je comprends ça !

— Un tel cauchemar, si intense, si rapide, si terrible, on a du mal à l'accepter. Il m'a fallu un certain temps avant de pouvoir reprendre mes esprits et choisir une attitude. J'avais grande envie de filer à la police pour tout raconter ; ce qui m'a retenue, c'est la pensée qu'en agissant de la sorte je risquais de compliquer les choses pour mon père. Et puis, vous ayant vu à l'œuvre, je me suis dit que vous alliez probablement agir de telle sorte que la situation se décanterait. Alors j'ai fait l'emplette d'une valise et d'un peu de linge de rechange et suis descendue dans une modeste pension de famille où je me suis inscrite sous un faux nom. Le plus urgent, à mon sens, c'était de me cacher et d'attendre la suite des événements. Hier, j'ai entendu parler à la radio des péripéties d'ici. Les exploits du faux évêque ! Au signalement donné, j'ai su qu'il s'agissait de vous. Alors j'ai loué une voiture et je suis arrivée d'une traite. J'ai pris une chambre sur le même palier que la vôtre après avoir discrètement questionné les aubergistes qui me prennent pour une journaliste américaine.

Elle se tait, pour m'embrasser. Notre étreinte fut un éblouissement. Si soudaine ! Si impulsive ! Rarement tu connais des instants de cette qualité (en irlandais : quality). Tes sens qui décarrent sans te demander la permission. Et toi, docile, tu les suis, t'entres en partouze avec eux ! Et c'est la repuade somptueuse (1). La kermesse culière. La goinfrade de toute ta viande. Merci, petit Jésus, de m'avoir accordé ma sainte trinité portative !

— Je ne dormais pas, continue enfin la chérie. Je vous ai entendu rentrer. Puis redescendre. Je me suis risquée dans le couloir, il y avait de la lumière dans votre chambre. N'entendant plus rien, je m'y suis glissée... Que se passe-t-il, Tonio chéri ? Où en êtes-vous de vos recherches ? Avez-vous des nouvelles de papa ?

Le vieux forban ! Si j'ai de ses nouvelles ? Et comment ! Et je rêve de lui donner des miennes, à mon beau-papa putatif.

— Pas si vite, Cathy. Je souhaiterais que vous m'apportiez quelques précisions.

— De quel ordre ?

— D'ordre chronologique, plaisanté-je. Vous m'avez raconté ce que vous avez fait « après » le massacre, non ce que vous avez fait « avant ». J'aimerais savoir, pour commencer, qui était cette fille travestie en homme que vous faisiez passer pour votre mari. Une petite amie intime ? Ce qui vient de se passer entre nous ne dissuaderait pourtant de vous croire lesbienne.

Cathy rosit, secoue la tête.

— Grand Dieu, qu'allez-vous penser. Bella était une femme détective que papa avait attachée à ma personne depuis plusieurs années, car il craignait pour ma sécurité. C'était une fille formidablement énergique. Lorsque j'ai décidé de partir à la recherche de mon père, c'est elle qui a eu l'idée de nous faire passer pour un couple afin de ne pas me quitter une seconde. Elle était terriblement efficace et astucieuse.

(1) Repuade, comme tu ne l'ignoreras plus, dérive du verbe « repaître » (troisième groupe à droite du buffet).

— La mitraillette dans les genêts ? C'était elle ?

— Quelle mitraillette ?

Elle n'a pas l'air au courant, la môme Cathy. Comme je ne veux pas déraper dans les enculades de mouches, je chasse ma question d'une pichenette désinvolte.

— Donc, pour nous résumer, votre père vous a dotée un jour d'une garde du corps, en l'occurrence cette Bella. Quand il a eu disparu, vous avez fait part à cette dernière de votre désir de le rechercher. Elle a accepté de vous accompagner, mais, comprenant qu'une telle expédition comportait beaucoup de risques, elle a exigé de renforcer votre sécurité en se transformant en gentil mari ?

— Exact.

— Le coup du slip oublié, au Gresham, c'était voulu ?

Cathy acquiesce.

— Bella, dit-elle, était un faux mari, mais un vrai détective. Elle ne laissait rien au hasard, s'intéressait à tout, voulait me prémunir contre tous les dangers. Redoutant que des individus s'intéressent à moi, elle s'arrangeait pour connaître discrètement les gens gravitant dans notre entourage. Personne mieux qu'elle n'avait le secret de faire parler les employés d'hôtel, les chauffeurs de taxi, les commerçants. Au *Gresham,* elle a mené sa petite enquête. Tout lui sembla O.K. jusqu'au moment où elle apprit votre arrivée par les gens de la réservation. Elle sut qu'on allait vous donner la suite que nous nous apprêtions à quitter, alors...

— Simple et de qualité, dis-je. Elle me connaissait donc ?

— De réputation, oui.

C'est flatteur, d'ailleurs je suis flatté jusqu'à la moelle.

Il y a un silence. J'ai une pensée émue pour mes trois compères continuant de morfondre, en bas. Le Mastar qui a horreur de poireauter ne doit pas être un compagnon très sociable.

— Il ne vous reste plus qu'à me parler du docteur Martin, ma gosse. Après quoi, nous nous tournerons vers l'avenir.

— Je les ai connus, sa femme et lui, aux États-Unis. L'an dernier, ils ont passé un mois à la maison, invités par papa. C'étaient des gens charmants, ils m'avaient fait promettre de venir les voir.

— Des amis de votre père ?

— Il m'a semblé. En tout cas, daddy et le docteur paraissaient très liés.

— Relations d'affaires ?

— Je ne saurais vous le dire, mon père n'a pas pour habitude de me mettre au courant de ses occupations.

C'est vraiment le moins qu'on puisse dire ! Cependant, je garde cette réflexion pour moi, par galanterie. Quand tu viens de te respirer une gonzesse avec un tel bonheur d'expression et que tu lui as concrétisé tes sentiments de la cave au grenier, il est malvenu de lui virguler des sarcasmes.

— Pourquoi êtes-vous descendue au *Gresham* et non chez eux ?

— Parce que je préférais conserver ma liberté d'action.

— Les Martin paraissaient-ils redouter quelque chose ?

— Du tout, ils se montraient très enjoués, au contraire.

— Vous leur aviez parlé de la disparition de votre paternel ?

— Naturellement.

— Et quel était leur sentiment, là-dessus ?

— Ils me prêchaient la patience, me rassuraient en m'affirmant que mes recherches ne pouvaient que contrarier les projets de papa et que je ferais mieux de rentrer aux U.S.A. pour attendre de ses nouvelles. Ils ne paraissaient pas inquiets sur son sort.

Là-dessus, elle sort les aéro-freins pour m'attaquer bille-en-tronche, car elle en a quine d'être sur la sellette, qu'en revanche, mézigue, je lui interprète le grand concerto de mutisme de Jean-Sébastien Bouchecousue.

— Et vous, chéri ? Vous, où en êtes-vous ? Avez-vous retrouvé papa ? Qu'est-il arrivé ici, chez ces gens, ces Aïlikitt ? Pourquoi étiez-vous travesti en évêque, et que...

Je lève les bras.

— Je me rends ! Pas tout à la fois, de grâce ! Oui, j'ai eu l'honneur et l'avantage de rencontrer monsieur votre père, mais dans des circonstances si particulières...

Je ne termine pas ma phrase, vu qu'un drôle de bruit se produit dans la rue de la coquette cité vacancière. Un bruit comme si tu jouais du tambour sur la carrosserie d'une bagnole. Ou plutôt, non, attends que je te fasse mieux piger : suppose un orage de grêle qui ne durerait que six secondes au plus.

— Béruuuuu ! j'hurle en m'élançant.

Mon cœur dévissé va choir sur le vieux plancher de l'auberge. Non, car j'avise le Gravos, au déboulé de l'escadrin. L'air ahuri, somnoleur, les coquilles gonflées comme des zobs d'étalon assistant à la course des pouliches d'Auteuil ou de j' sais plus où, moi, les bourrins, tu sais, je les aime ni sur pieds ni sur assiette, contrairement à mon pote qui assure raffoler du « bifteck » de cheval. J'ai jamais flambé au tiercé et même les statues équestres à Jeanne d'Arc ou

Poléon me filent la nausée. La plus noble conquête de l'homme ? J' t'en fais cadeau ! J' suis pas fana des ongulés. Une bestiole dont le même membre comporte un coude et un genou, je la trouve pas catholique, même qu'on s'en soye servi pour les Croisades.

Mais c'est pas de canasson que je traite en ces pages mélodieuses et si bourrées de miséricorde (à nœuds).

C'était juste pour te dire mon Béru avec sa frite de prophétie réalisée *in extremis*, avec du bouillon gras.

— T'as entendu ? il me fait.

— Et comment. Pourquoi as-tu quitté ces deux branques ?

— J' m'inquiétais sur ce que tu branlais.

Il avise Cathy et hoche la tête.

— Je vois.

Pas surpris outre mesure, Césarin. Lui, rien ne l'épate vraiment, jamais. Il accepte le temps, les gens et les événements tels que le destin les lui propose, sans barguigner

Nous n'avons pas été les seuls à percevoir le brouhaha extérieur. Ça se met à remue-ménager dans l'hôtel. On dévale en catastrophe l'escalier. Je sais bien ce qui nous attend. Et ça nous attend bel et bien. La chignole à sir Beston criblée de balles. Lui, la bouille excavatée, à la renverse sur son siège derrière son pare-brise pulvérisé. W. C. dans une posture identique, sauf que son cher visage de supermachin en retraite a été épargné, kif celui au maréchal mort Ney, ce pauvre, qu'aurait jamais dû aller à la rencontre de son empereur sur la route de Grenoble, merde fallait ben être un con comme le gros Dixhuit pour pas prévoir ce qu'allait se passer, que moi, tout mouflet, j'ai pas été surpris un poil de seconde en apprenant sa volte.

Oubliant le prince de la Moskova, je me précipite sur Wallace Coy dont il est clair qu'il respire encore.

— Dobliyouci ! je l'interpelle, car c'est ainsi que tu prononces W. C. dans toutes les classes d'anglais de sixième au C.E.S. d'Annemasse. Dobliyouci, m'entendez-vous ?

— *Ya,* il profère dans un râle.

— Avez-vous eu le temps d'apercevoir vos agresseurs ?

— *Ya.*

— Combien étaient-ils ?

— *Two.*

— En voiture ?

— *No.*

— A pied ?

— *Ya.*

— Ils étaient masqués ?

— *No.*

— Vous pourriez les reconnaître ?

— *No.*

— Pourquoi ?

— *They were negroes...*

— Des Noirs ?

— *Ya.*

— En êtes-vous certain ?

— *Ya.*

— Ils n'auraient pas, par exemple, enfilé des bas noirs sur leurs têtes ?

— *No.*

— Ils sont repartis à pied ?

— *Excuse-me,* balbutie Wallace Coy.

Et il meurt en plein, sans faire d'histoire. Sans doute était-il un peu faisandé, mais je savais déjà qu'il avait conservé toute son énergie poulardière.

Béru qui attend à mon côté demande soudain :

— Tu trouves pas que not' situation d'vient d' plus en plus dégueulasse ?

Je n'hésite pas à convenir de la chose. Et puis, bon, comme tu t'en doutes, le processus logique se déclenche. Des gens mal réveillés arrivent, des gens crient, des gens font du zèle, des gens parlent de police, de moi, des morts, de Dieu.

On profite du brouhaha et de la pénombre pour se tirer.

Ailleurs, n'importe où ; l'essentiel est de ne pas rester ici.

CHAPITRE XXII

L'essentiel est de ne pas rester ici

Ce qu'il y a de fatidique dans nos relations avec ce bon patelin d'Oughterard, ce que l'histoire retiendra de notre séjour ici, c'est que nous y venons inlassablement pour y subir chaque fois un coup fourré de haut style qui nous met en fuite. Et nous y revenons inlassablement, telles des mouches fascinées par une charogne. Nos activités adoptent, par rapport à ce bled du Conemara, un va-et-vient de marée. Flux, reflux. L'onde de choc nous oblige à carapater, la faim d'obtenir des résultats nous ramène.

Et telle est l'existence, mon fils, à l'image de notre sang qui part du cœur pour mieux s'y précipiter. Le guignol lui file l'impulsion du retour. C'est d'une somptueuse incohérence, ou bien, au contraire, la manifestation suprême du mouvement universel, tu piges ? T'adhères bien à mon raisonnement ? Merci, ôte tes doigts de ton nez, que j'ai une sainte horreur des petites boulettes collées entre les pages.

Le temps que les autochtones, réveillés en sursaut, achèvent de dépaupièrer, de piger, de calmer leurs angoisses, d'appeler qui de droit, on s'est fondu dans l'ombre bienveillante des maisons basses. Une venelle tortille au cœur d'une obscurité épaisse comme de la Guiness.

Je l'adopte. Le souffle rauque de mon Béru est comme celui d'une turbine qui me propulserait au cœur de la nuit. Par-delà lui, je perçois une troisième galoperie. M'offre le luxe d'un coup de z'œil périscopique Surprise ! La petite Cathy nous file le dur de son mieux. Brave gosse, va ! Qui se mouille en nous emboîtant le pas. T'en trouveras beaucoup de frangines commak ! Elle est bien la digne fille de son vieux forban de dabuche, dynamitée par une énergie qu'on disait « peu commune » dans les zouvrages d'autrefois jadis.

Bon, c'est très joli, touchant, émouvant, mais ça nous mène où, ça ? Fuir, c'est s'éloigner d'un danger, certes, mais trop s'en écarter t'amène en terrain découvert, te rend repérable et donc vulnérable. Il est très évident que la venelle va déboucher en pleins champs. Alors, à quoi bon ?

Je ralentis, happé par des réflexions dont l'urgence mobilise toute mon énergie. Et j'aperçois soudain, sur ma droite, de quoi les concrétiser. Je veux parler d'un petit chantier naval, oh, très artisanal, où se fabriquent des bateaux de pêche. Moi, tu sais comme, hein ? J'arrête pile, écarte les bras pour rassembler mes compagnons de calte.

Je leur désigne une grande barcasse en construction, sous un hangar.

— Cachons-nous ici ! dis-je.

Ils obéissent. J'aide Cathy à escalader les étais entrecroisés sous la quille du barlu. On se tapit dans le creux de la coque. On reprend de son mieux l'usage de ses poumons.

— Vous venez de prendre d'énormes risques en nous suivant, Cathy, lui chuchoté-je. Maintenant vous voici compromise.

— Désormais, je vous suivrai jusqu'au bout de

l'enfer, mon chéri, me répond-elle en s'incrustant dans mon corps enfiévré.

Quel hommage ! J'espère qu'il ne cache pas d'arnaque, because, bibi, j'ai appris à me gaffer des sœurs trop passionnées.

*
* *

Une nuit de fuite, d'action, de baise, de traques, de tout ça, eh ben crois-moi ou va te faire peindre les frivolités en rose praline, couleur de ta connerie, mais ça te ruine l'organisme. La nuit étant douce, et suave le contact parfumé de Cathy, je finis par m'endormir, avec ma menteuse dans son appareil à affûter les esquimaux Gervais ; ce qui gêne un tantisoit la respiration, mais facilite la relaxation.

Et du temps s'écoule. On perçoit une certaine agitation, au début, mais qui ne dure pas très longtemps. Et le grand calme irlandais nous empare, bienfaisant, sédatif.

C'est une exclamation proférée en gaélique qui nous réveille. Une tronche hirsute, couverte de poils roux, tavelée de plaques brunes, dont les cils et les sourcils sont jaunes, qui n'a plus que trois dents aussi rouquines que la barbouze ; coiffée d'une chose qui fut une casquette et s'obstine à vouloir en demeurer une, agrémentée d'yeux bleu pastel très clair, limpides comme un regard d'huître perlière, une tronche telle que je viens de te la sommairement brosser émerge sur fond de ciel. Son possesseur est âgé d'une soixantaine damnée (il est flamboyant comme un démon, sauf qu'il a l'air très bon mec).

Devinant, à nos mises, nos mines et autres accessoires, que les rapports que nous sommes susceptibles d'entretenir avec la langue gaélique sont ceux qu'auraient un homard et une vache fribourgeoise, il se nous adresse en anglais convenable (si tant est que tu puisses jamais trouver convenable ce sommaire patois avec lequel Shakespeare réussit à écrire néanmoins Hamlet (au Bacon).

— Qu'est-ce que vous fichez là, les gars? demande-t-il, sans haine ni crainte, juste pour savoir, parce qu'enfin, lui il construit un bateau et qu'en s'y vautrant à trois (dont Béru) on risque de le gêner dans ses varloperies en tout genre.

De toute évidence, ce gentleman ébéniste n'a pas eu vent d'ouest des événements de la nuit. Sa bouille pareille à une fraise de commice troupier raconte la lente action du whiskey sur un organisme qui fut regardable un jour.

Je le prends sur son terrain.

— Faites excuse, patron, on est en vacances dans la région. On a tellement éclusé de whiskey qu'on n'a pas été foutus de retrouver notre bagnole et qu'on s'est permis de passer la nuit dans cette merveilleuse embarcation née de votre génie.

Il éclate d'un rire à trois ratiches, une langue archichargée et deux rayons de gencives pourries. Il comprend la vie, le père Mathurin du Conemara. Le K.O. éthylique, tu parles, c'est son violon d'Ingres.

— Venez! nous enjoint (de culasse)-t-il.

On débarque et le suit jusqu'à une maisonnette biscornue, aussi vêtuste et malmenée que sa pauvre bouille, et dont le toit de chaume ressemble à sa casquette moyenâgeuse.

La bicoque ne comporte que deux pièces où le charpentier de marine vit seul depuis des décennies.

— La p'tite dame va vous faire frire des œufs, déclare le cher bonhomme, en désignant une poêle graisseuse, de l'huile rance et un panier d'œufs que je souhaite de poule.

Lui-même va tirer d'un placard un litron et quatre tasses ébréchées. La boutanche contient du whiskey. Il sert généreusement, poussant la largesse jusqu'à ne relever le goulot qu'une fois que la tasse a débordé.

Il est duraille à piger quand il exprime, l'Onassis du pauvre. Ça produit une espèce de bouillie fangeuse dans sa margoulette de vieux brochet.

— Vous tombez à pic, les gars. déclare-t-il joyeusement, je travaille point aujourd'hui. C'est un des anniversaires d'avec ma défunte épouse, et je ne travaille pas.

— Qu'entendez-vous par l'un « des » anniversaires ? demandé-je en m'efforçant de paraître intéressé.

Il désigne au mur un grand carton couvert d'une écriture que seul un décryptographe de l'I.S. parviendrait à lire.

— Les anniversaires de la pauvre vieille chérie, annonce-t-il. Celui de notre rencontre, celui de notre premier rendez-vous, celui de notre premier baiser, celui de notre première troussée, celui de...

Il y en a trois cent vingt-huit au total, ce qui rend le barqueur indisponible pendant une bonne partie de l'année. D'ailleurs, nous l'apprendrons un peu plus tard, l'embarcation qu'il construit fut mise en chantier en 1952, si bien qu'il pourra la vendre comme antiquité le jour où elle sera achevée.

La tendre Cathy fait cuire les œufs.

Béru en mange les deux tiers et écluse force whiskeys. Mes reproches ne l'atteignent pas.

— Et qu'est-ce j' branl'rais d'aut' dans un bled qu' je comprends pas l' dialogue, dis, l'artiss ? M' fous plus dans des bouquins qu' l'action n'est pas d' langu' franchecaille, j' m'y sens paumé d' pas pouvoir mett' mon grain d' sel. J'ai l'impression de jouer les inutilités. Moi, t' sais, la figurance intelligente, j' sus pas preneur. T'eusses emmené la Pine, ça lu f'sait prend' l'air et j'eusse pas morfondu comme un croûton d' pain dans un carton à chapeau D'autant plus qu' t'en fais qu'à ta tronche. M'sieur indépendante d' plus z'en pluss. Y s' prend pou' le nombrille du monde Y'a un massacre quéqu' part, faut qu'il y va seul On nous attaque, faut que c'est lui, dans sa prop' chamb' On tue un gonzier dans not' chignole, ça tombe rectum quand c'est lui qui conduit, et t'essaieras, et t'essaieras. Pas marrant, j'en suis réduit à la potion incongrue, moi !

Et il boude.

— Tu veux que je te dise ce que tu es, Gros ?

Il ronchonne, remplaçant mon assiette à demi pleine par la sienne totalement vide.

— Vas-y, j' me gaffe que ça doit t'êt' gracieux !

— Ce que tu es, Alexandre-Benoît ? Tu es ni plus ni moins qu'un *noli-me-tangere.*

L'hermétisme du terme le fait frissonner. Il est de ces gens pour qui le vocabulaire est un ennemi constant, bourré de chausse-trapes et pourvoyeur achalandé de toutes les perfidies.

— T'oses me traiter de ça, Mec ! insurge-t-il.

— Sais-tu ce qu'est le *noli-me-tangere* ?

— Au point qu' t'en es, continue tes insultances !

— C'est le nom donné à la balsamine, cette plante dont les fruits t'éclatent au visage dès que tu les touches. T'es une balsamine, Gros. Tu éclates même lorsqu'on désire te caresser.

Il a fini mes œufs.

Les restitue partiellement sous une forme gazeuse. Puis il contre-attaque, l'œil étincelant d'insolence et de rébellion.

— T'es beau jacteur, Santonio. Le roi du blabla ! Le prince de la langue fourrée, selon l'arrimeur public, et y'a pas deux tordus comme ta pomme pour rouler des vasistas à une rombière, nous sommes bien d'accord. Mais ce qu' j' t' trouve qui pêche, c'est l'esprit d'organisance. Tu tires à huche et à diable, tu croyes suiv' ton instincte, mais c'est ton instincte qui t' suit, alors comme la plupart du temps tu n' sais pas où qu' tu vas, c'est comm' si t'aurais pas d'instincte, quoi ! Moi, j' s'rais été l' boss dans c't' affaire, y'a lulure que j' te l'aurais dépecée. Au lieu qu'on soye chez c' vieux jeton, à s' placarder comm' des malpropres. T' déguiser en évêque, là t'es partant. Messe hélas, monseigneur déconne ! Organiser bien savamment not' job, c'est pas dans tes manières, y t' faut du carnaval. Et c'est tézigue-pâte le commissaire ! Ah, dis donc, y les ont pas faits à la main, l'année d' ta promotion ! C'tait du commissaire à la chaîne, solide comm' les montres qu'on t' fourgue dans l' métro !

Je le laisse y aller de son trop-plein. C'est vrai, au fond, que cette affaire, tout en l'ayant vécue en sa compagnie, j'en ai dégagé les grandes lignes sans lui. Il était absent dans presque tous les instants cruciaux. Alors, le cher bourrin se met à piaffer d'impatience. Je sais quel langage lui tenir dans ces cas-là.

— Écoute, Mammouth. Je vais passer dans la taule pleine de pupuces irlandaises du vieux avec Cathy, et nous essaierons de les mettre en fuite. Toi, pendant ce temps, organise les choses à ta convenance. J'ai besoin de faire un break et l'enquête est à toi.

Il détourne ses lanternes japonaises pour me priver de sa joie et questionne :

— Alors à partir de tout d' suite, c' sera signé Bérurier ?

CHAPITRE XXIII

Signé Bérurier ?

Il n'y a pas de puces dans l'antre du vieux Jack Greeve, contrairement à ce qu'on en pourrait appréhender. Simplement, il pue la biérasse et l'alcool. Trop d'anniversaires trop copieusement fêtés, probable. On lui a demandé la permission d'user de sa chambrette de veuf. Il a eu un geste simple, et donc noble, pour assentir. L'hospitalité irlandaise dans toute sa sérénité. Le soleil luit, ce matin, et des coqs chantent comme s'ils étaient français et vainqueurs du Tournoi des Five Nations. Si je t'avouais qu'il fait bon vivre et oublier les emmerdes et autres vicissitudes ? Du beau temps, les cocoricos d'un volatile, une jolie fille enamourée, tu voudrais quoi de plus, toi ? C'est quoi, le bonheur terrestre, sinon du soleil sur ton érection ?

J'ai beau me creuser les méninges, les transformer en gruyère ; j'ai beau avoir beau, rien ne me vient d'autre. Alors nous passons une heure de qualité dans un vieux plumzingue à impériale. Notre amour s'y étale, comme la puissance sur un trône, qu'il te suffit d'admirer le shah d'Iran dans la salle d'apparat de sa shatterie, avec sa chaglatte sur un plus petit siège, et le chaton sur un strapontin d'or et de pierres précieuses (on ne sale sa nourriture qu'au sel gemme) pour te convaincre de l'importance éblouissante de tout ça : les honneurs, le faste, flamberge au vent et verge au flanc. Dont, selon ma conviction profonde, notre d'Estaing à tous s'est drôlement aventuré dans les risques en abandonnant jaquette et marseillaise, vu que dans le cœur de tout Français y'a un carrosse qui sommeille et que, pour le commun des plus communs mortels, l'habit fait le président plus sûrement que le moine. Avant lui, tu pouvais les voir, avec le grand cordon de ceci, le grand glave de cela, poing droit posé sur une boîte à cigares déguisée en livre, menton pointé sur la ligne de partage des eaux, et que je te sabre au clair et que je t'allons-z'enfance pour un oui, un niet, une allocution, une allocation, une hydrocution, à se faire présenter les armes sur un plateau d'or, à nébuler de la nébuleuse, à se faire bouffer au mythe, tout cru, pour mettre les pieds dans la légende avant d'aller acheter un billet de loterie. Mais maintenant, finito, c'est irréversible : tout le monde a pigé que le président est un homme et qu'il faut aller monarcher à Buckingham Palace quand y te prend tes retintons. A présent, le jour de gloire est tarifié. Quand le président va skier à Courchevel, il fait la queue au self service de chez Bouvet et vient s'asseoir parmi nous, avec sa petite bière et son petit œuf mimosa, et t'as même pas une barrière en fer pour nous l'isoler, merde ! Il est là, à portée d'œil, de voix, de main si tant tellement présent et facile à comprendre qu'on ne le regarde même plus. Et si, en fin de septennat, l'envie de bisser lui prend, il moulera l'Elysée Palladium pour un R.F. 4. Et y nous restera même plus Poulidor pour le prestige. La France vit des espèces de noces de Cana à l'envers. Les temps sont venus de changer le vin en flotte, comme font les mecs de Bordeaux !

Méfiez-vous, les gars : on s'austérise !

Une heure pour faire l'amour, c'est beaucoup. Mais c'est peu quand on veut s'envoyer en l'air. Aussi retombons-nous de pas bien haut. S'envoyer en l'air nécessite à mon avis quarante-huit heures de claustration ; en bousculant un peu l'horaire, on parvient à ramener la chose à une journée, mais faut alors se contenter de l'itinéraire « A ».

N'empêche qu'on frémit des flubes en réapparaissant.

Notre vibration musculaire atteint les trépidations d'un marteau pneumatique en folie quand nous apercevons Bérurier dans l'état ci-joint. Magine-toi que le Gravos est torse nu au milieu du « séjour », finissant de s'oindre d'une matière brune et brillante qui le transforme en fils de la chère Afrique noire. Près de lui, beurré mais gaillard, Jack Greeve achève de lui confectionner une perruque crépue dans de la peau de mouton noir.

— Seigneur ! En quoi ça consiste ? demandé-je à mon ami.

Il propose sa main chargée de matière visqueuse à mon sens olfactif.

— C'est un espèce de cire à parquet qu' Jacky s' sert pour ses barlus, tu trouves pas qu' j' fais absolument négus, commako ?

— Comme si on y était, reconnais-je.

Il se contemple dans le dos d'une louche à potage, ce qui perturbe légèrement l'harmonie de ses traits, et dit :

— M' faudrait un chouïa d' rouge à lèv' à l'intérieur d' la bouche, mais Jacky a du mercurochrome qui f'ra la route !

— Nous sommes en juin, Gros, objecté-je.

— Moui, et alors ?

— La période de carnaval, c'est passé depuis longtemps.

— Ducon-Lajoie, va ! me flétrit-il dédaigneusement.

Puis, au vieux barqueur ivre :

— Ave-you finiche ma bougnoul's perruque, dear friende ?

Les Irlandais sont gens truffés de bonne volonté, à preuve, notre pittoresque bienfaiteur va jusqu'à comprendre l'anglais d'Alexandre-Benoît.

Fier de lui, il tend au Mammouth une chose bizarre, mais qui devient chevelure quand elle est posée sur le chef de mon ami. Cette fois, l'impression est parfaite. Bérurier, décidément, vient de réussir un exploit de plus.

— Est-il indiscret de te demander tes intentions ?

— J' retourne me faire voir dans le village, déclare-t-il.

— Pour ?

— Pour y attendre ceux qui vont s' pointer quand y sauront qu'un Noir vient d'y débarquer. T'as entendu le grand Angliche qui s'est fait repasser ? C'est des négus qu'ont défouraillé sur la chignole, c'te notte. Donc, puisque ces gens sont aux aguets du qui-vive, dans le patelin, y vont dare-dare m'entrer en contact.

— Pourvu que ce ne soit pas par l'intermédiaire d'un parabellum !

Le Mastar rigole :

— J'ai c' qu'y faut pour les accueillir.

Et il tire de sa vague le pistolet à bouchon qu'il a chouravé la veille au branleur de la garde-barrière.

Je dois reconnaître que dans la grosse patte sombre de Béru, cet objet n'a plus l'air d'un jouet.

— Et moi, pendant ce temps, chef ?

Sa Majesté me désigne la piaule :

— Retourne à la brosse, Mec. Le foutre, c'est comme le fric : y rime à rien si tu lu fais pas faire des p'tits !

CHAPITRE XXIV

Faire des petits

Et alors si tu t'imagines, ma belle fleur de navet, que, pendant la prestation de Messire Bérurier, le grand San-Antonio, ce Davy Croquette (de brochet) de la rousse va enfiler Cathy, des perles ou un couloir du métro, tu te trompes tellement que t'as même pas besoin de te marier !

Moi, rester inactif, après tout ce bigntz sanguinolent ?

Me croiser les burnes chez le père Greeve, à lui regarder se saouler commémorativement la gueule devant sa barcasse jamais terminée ? T' imagines qu'un instant ? Mon œil, mon frère (Lissac) ! Le chantier de la gloire, toujours. D'autant que ça chauffe à devenir intenable. Quand t'arrives à la page qu'on se trouve dans un polar, tu te gaffes bien que des trucs d'une imminente intensité sont déjà en cours, sinon le scribouilleur connaît rien à son métier !

L'idée du Gros, de se négrifier pour appâter, est good. En somme, ce sac à lard ne fait que reprendre mon astuce de la nuit. Astuce qui a porté ses fruits... en terre, en les personnes de sir Trucmuche et de W. C.

Elle m'aura du moins permis de récupérer la gente

Cathy, et crois-moi, c'est pas un lot de consolation ou à réclamer.

Pour ma pomme, je décide de zinzibuler dans le classique, c'est-à-dire en interrogeant le barqueur.

On l'amuse, cet homme. Nous sommes sa providence ; trois anges descendus dans son isba pour fêter l'anniversaire du jour où il a acheté un chapeau à fleurs à la défunte Mrs Greeve.

Faut vite l'entreprendre avant qu'il ne soit complètement cointché. Déjà, il patouille de la menteuse et ses bigarreaux font l'appareil à sous.

— Dites, vieux pote, est-ce qu'il vous arrive de vadrouiller un peu dans la contrée ?

Il rigole comme trente bossus couchés qui s'amusent à reconstituer la Cordillère des Andes en pleine Beauce.

— Moi, mon gars, dit-il, les jours d'anniversaire, je vais te dire ma manière de procéder : le matin, je me paie une petite cuite d'homme à homme. Je dors une paire d'heures pour m'en remettre, ensuite, j'attelle mon âne à la carriole et je le laisse décider d'où l'on va. Le bougre connaît tous mes copains des villages voisins. Alors il va chez l'un ou chez l'autre pendant que je continue mon somme. Quand l'ami choisi nous voit arriver, il grimpe près de moi dans la voiture tandis que mon âne nous tire jusqu'au pub du patelin. Et alors on se fait un peu la fête jusqu'à la fermeture du pub. Et puis Philipp me ramène ici de la même façon. Je l'ai appelé Philipp parce qu'il ressemble à d'Edimburg, sauf qu'il a les oreilles plus longues et que le mari de la mère Windsor serait pas foutu de traîner ma carriole d'un bout à l'autre de la cour d'honneur de Buckingham palace.

Il se tait pour écluser une pinte de Guiness.

Moi je me dis que si ce vieil ivrogne passe son

temps à boire et à roupiller, il ne doit pas voir grand-chose de l'existence. Et j'en suis marri.

Pourtant, j'essaie de récupérer les restes.

— En circulant d'ici et là, vous est-il arrivé de rencontrer des Noirs, Jacky ?

— Qu'entendez-vous par des Noirs, mon gars ?

— Eh bien, des gens qui ont naturellement l'apparence que mon camarade a eu tant de mal à se donner.

Greeve grattouille sa barbe pleine d'écailles.

— Des négros, y'en a un peu partout, mon gars. Un peu partout...

— Il s'en trouve cependant moins en Irlande qu'au Gabon. Et ceux qui se promènent par chez vous se remarquent comme des mouches chez un crémier, n'est-il pas ?

Il m'exhibe ses trois dents brunes et la tartine de roquefort qu'est sa langue.

— Pour sûr, l'ami. Pour sûr. Eh bien, des négros, naturellement qu'on en voit. Autrefois, ces braves gens ciraient les chaussures dans les hôtels, maintenant ils se les font cirer ; chacun son tour. Si Dieu leur a donné des mines de nickel ou des gisements de pétrole, c'est qu'Il a trouvé que la plaisanterie avait assez duré. Et quand le Seigneur en a plein le cul de quelque chose, Il s'arrange toujours pour le faire savoir, c'est du moins comme ça que je vois les choses ; maintenant, mon gars, j'admettrais volontiers que vous ne soyez pas de mon avis.

— Tout à fait d'accord avec vous, Jacky. Mais vous est-il arrivé d'en apercevoir récemment, des Noirs ?

— Pas plus tard qu'hier, l'ami. Pas plus tard qu'hier, que même ces sales cons ont bien failli renverser ma carriole avec leur foutue grosse bagnole pleine de chromes qu'ils savent à peine conduire, ces foutus débiles !

— Et où les avez-vous rencontrés, Jacky ?

— Sur la route de Thumlatath où ils logent.

Cher, brave, pittoresque, noble et ineffable (de Florian, pas toujours de La Fontaine que j'aurais l'air de tomber dans la facilité !) Greeve. Que Dieu lui accorde encore beaucoup de vie afin qu'il puisse célébrer des milliers d'anniversaires. Il sait, lui, l'humble charpentier de marine, le modeste videur de pinte, il sait où habite la colonie noire si je puis de la sorte m'exprimer — du pays.

Alors halons !

Et allons !

*
* *

Le baudet trotte pointu sur la route blanche, bordée de murets titubants. Il va dans l'allégresse du matin, les étiquettes dressées, le sabot déterminé, tirant la cacochyme guimbarde de notre hôte. Et l'hôte, plein de gnole, somnole comme à l'accoutumée. Et moi, loqué de « vieilles » fringues à Greeve, le visage couperosé, parce que je me le suis passé au mercurochrome délayé dans de l'eau, pour faire plus irlandais, moi, je lui tiens compagnie, la tête posée sur un sac vide, et je ressemble à un poivrot d'ici.

Le ciel tourmenté de la sauvage Eire moutonne : gris, blanc, noir... Ça gonfle, s'étire, s'élime, s'effrange. C'est ondulatoire, dériveur, floconneux, à la fois menaçant et rassurant. Menaçant, car cela parle d'orage ; rassurant, parce que c'est là-haut, tout là-haut, et que ça raconte l'infini dont tu as fatalement besoin.

Tout à coup, Jack Greeve pousse un cri de stupeur ; il est en train de biberonner à même le goulot d'une bouteille de whiskey. Mais il s'est arrêté de téter et reste figé, la bouteille aux lèvres, immobile, comme un clairon de la Grande Armée pétrifié par le gel au cours de la campagne de Russie.

— Eh quoi, Jacky ? je l'interpelle, vous avez avalé de traviole ?

Il se ressaisit, décolle précautionneusement le flacon de sa bouche, puis crache quelque chose dans sa main.

— J'ai bien failli, mon gars ; j'ai bien failli. Il y a un proverbe de chez nous qui dit que perdre ses dents en buvant du whiskey est signe de bonheur. Tenez, gardez-la comme un talisman, en souvenir de moi.

Et il me tend une ratiche à bout de course, puisqu'elle est d'ailleurs tombée de son arbre, sombre, creuse, écaillée, malodorante. J'ai du mal à vaincre ma répulsion. La chose que me présente le vieux Jacky est tellement effroyable. J'essaie de biaiser :

— Pensez-vous, Jacky, il ne faut pas vous séparer d'une si merveilleuse relique, vous pourriez en avoir besoin.

— Non, mon gars, prenez, je sais qu'elle vous protégera.

J'ignore quelle idée il se fait de ses chailles, le vieux bougre. Ce serait un domino à saint Patrick, à la rigueur, je comprendrais, mais une dent de pochard, j'imagine mal qu'elle pût être génératrice de félicités en tout genre.

Un proverbe du pays natal de Félicie dit : « A cheval donné, ne regarde pas la dent ». J'y apporterais, pour mon occurrence, la variante suivante : « A dent donnée, ne tiens pas compte du cheval ! » C'est pourquoi je laisse Greeve déposer dans ma paume son glorieux déchet. Le contact m'oblige à fermer les yeux pour enrayer, si je le puis, la nausée qui me submerge.

— Merci, Jacky, ça me va droit au cœur (tu parles). Si un jour je me marie, je la ferai monter en bague pour la glisser au doigt de mon épouse. Quel plus pur joyau pourrais-je lui offrir ?

Il rayonne, Greeve.

— Ça, mon gars, me dit-il, tu pourras lui dire que c'est du vrai !

Et alors, peu après, très peu peu après ce don exceptionnel de mon vieil aminche, nous parvenons en vue d'une grande bâtisse de granit sombre entourée d'une haie vive.

— C'est là ! déclare celui-à-qui-il-ne-reste-plus-que-deux-dents.

— O.K., Jacky. Vous allez quitter le chemin pour longer la propriété, comme si vous vous rendiez à votre champ. Je me laisserai glisser de la carriole lorsque je le jugerai opportun. Continuez votre route sans vous inquiéter de moi.

Il palpe du pouce le cratère laissé dans sa gencive par la débandade de son chicot.

— Si j'étais un homme curieux, mon gars, je vous demanderais à quoi rime votre micmac, mais je trouve que, dans la vie, chacun doit mener sa barque vers la rive où il souhaite aborder. Et puis surtout, vous m'êtes sympathique, et quand quelqu'un est sympathique à Jacky Greeve, il peut compter sur lui en toutes circonstances.

Le cher édenté continue sa litanie alors que je suis déjà à plat ventre sur le sol, près d'une haie de charmille.

A plat ventre ; mais à pied d'œuvre !

CHAPITRE XXV

A pied d'œuvre

A pied d'œuvre ou de chef-d'œuvre ? D'œuvres d'art ou de chair ? Pies ou vives ? De bienfaisance ou hautes ?

Ça t'aide à trouver le calme, des glissades pareilles, au moment de l'action. Un tas de cons bouffent du chewing-gum, que rien ne donne à un individu une expression plus crétine ! Au point qu'il existe deux catégories de bipèdes, pour moi, sur cette planète : ceux qui mastiquent du caoutchouc, et ceux qui mastiquent des quenelles de brochet. Oh, comme j'abomine ce faux ruminant, ce mâcheur de capotes anglaises, ce digéreur de néant, ce non parleur, cet impenseur, ce proémineur de mâchoires. Oh, comme je préférerais le voir becqueter de la boue, de la merde, du foutre ou chez Borel ; mais pas ça. Sa tête glandue, si évasive, si annulée, si absente, déjà presque tête de mort pour qui sait regarder, et en tout cas tête de nœud extrêmement définitive. On disait du président Johnson qu'il ne pouvait pas à la fois marcher et mâcher du chewing-gum. J'assure qu'on ne peut à la fois mâcher du chewing-gum et penser. A preuve, on le recommande aux athlètes pour les aider à se décontracter. Et c'est quoi se décontracter, sinon ne penser à presque rien ? Alors, bibi, homme bizarre, je m'en vante, ayant une irréversible aversion du commun, pour me décontracter, je mâche des mots sans mâcher les miens.

Ils sont si familiers, si dociles, si obligeants, si malléables quand on veut bien les réchauffer.

Je cherche un trou dans la haie, une brèche, un endroit moins fourni pour me couler de l'autre côté. Le hic, dans ces cas-là, c'est le clébard. Un méchant cador et t'es marron. Mais je suppose que des gens venus ici en mission ne se sont pas encombrés de clebs. Ça tient trop de place en voyage. Des fois, j'avise des vacanciers avec une 4 L ou une 5 Glinglin qu'emplit un monstrueux chien danois, voire même un Saint-Bernard pour noces et banquets. Et combien ils sont fiérots de traîner leur bestiau dans leur petite chiotte ; signe poilu de richesse. Faut avoir des moyens pour vadrouiller en compagnie de ces molosses patibulaires. Ça les sécurise, note bien, des fois qu'on voudrait leur chouraver le réchaud-campinge ou la boîte à outils ! Aux arrêts, ces monstres s'amènent sur toi, lentement, l'œil cruel, la patoune lourde, la queue basse. Ils viennent te carrer leur truffe dans l'ogne ou les claouis et t'oses pas broncher, conscient que d'un happement malencontreux, ils pourraient te rendre impropre à la reproduction. Alors tu deviens d'une lâcheté atroce. Tu leur dis des trucs suaves, bien gazouillés, veules en plein : « Oh n'est gentil, ça ! N'a des grosses papattes ! N' vient dire bonjour au monsieur ! Comment y s'appelle ce gros chienchien ? »

Saloperie, va ! Fous-leur seulement une bonne muselière et tu verras comment je leur savaterai les noix à ces veaux carnivores. Et le plus fort, tu veux savoir ? Le maîmaître, il ne fait pas un geste pour te débarrasser de leur tas de viande. Il s'en fout bien que son Médor te gobe les burnes : il est assuré pour.

Même ça lui dirait de voir découiller un quidam de rencontre par son fauve ; il trouverait plaisant, bon à raconter aux aminches devant une tournée de Trois Duval, le seul pastaga que tu puisses pas commander quand t'es seul, tout comme dans les grands restaurants où faut être deux pour le loup grillé, le chapon aux cèpes ou le soufflé ; je sais un trois zétoiles, sur la Côte d'Azur, dont la carte annonce que tout est pour deux. Y'a que l'addition qu'est pour un ! Et encore est-elle trop salée.

Mais je m'écarte du vif, non ? En plein moment de donner l'assaut, d'en apprendre plus pour pouvoir en terminer, voilà que je me mets à parler chiffon, chose et autre, conneries en tout genre, suivant ma bonne habitude.

Mais qu'est-ce que tu veux : je vais pas me refaire maintenant.

Attends, je reviens à notre équipe de Noirs.

La haie franchie, moui... Je rampe sur une pelouse, moui... M'approche de l'arrière de la maison, moui... Ça y est. Un garage dont la lourde est ouverte. Dedans, deux chignoles : une grosse ricaine chromée, puisque ricaine (ces cons, les chromes c'est leurs bijoux à eux) ; et une Mini. Ce qu'a de plus frappant, c'est la radio. Elle vocifère dans la paix irlandaise. Et pourtant, le monsieur qui tient le crachoir cause d'une façon mesurée puisqu'il est anglais. Mis à part les ordres militaires, l'anglais d'Angleterre s'articule comme si tout en causant, le speaker se débarrassait l'entre-dents de sa viande bouillie avec la pointe de la langue. On l'a mise à plein tonneau, cette radio. Elle paraît sortir par toutes les ouvertures de la maison. On dirait même qu'elle passe par un ampli spécial. Il s'agit d'un reportage sur la jubilation d'Élisabeth Deux. Vingt-cinq piges de bon et loyal règne. Le Lion britannoche en mouille d'émotion. Dieu prothèse la reine ! Elle commence d'en avoir besoin, la pauvrette. Va donc coltiner une couronne pendant un quart de siècle, et tu verras si t'attrapes pas le torticolis ! Et alors c'est la liesse, chez les copains de la Grande Albion. Drapeaux, carrosses, sonnez Big Ben ! Oyez, oyez, gentils manants, gentils manars ! Her gracious majesty se la radine sur le Mail. Hue, dada !

Les échos retentissent. Ça bouzdingue à tout va. Le canon tonne. Poum, poum, tralala ! Les trompettes, l'olifant de chichoune claironnent et clarinent. Y'a lâcher de colombes sur la ville, de colombins sur les pavetons. Vive la couine ! Vive ! Vive ! T'occupe pas, Arthur : elle vivra ta Zabeth. Battra le record de Dame Victoria son aïeule. C'est du bois dont on ne fait pas les pipes (sauf pour modèle) mais les règnes. On sent l'à quel point elle est parée pour toutes les ménopausetamies, la souveraine. Accueillera les Chinois quand ils traverseront le Channel. C'est de la nature coriace, inébranlable (Edimburg a jamais pu y parvenir). Vive ! Hurra ! God save the queen ! Queen save the livre ! Guinée is good pour you !

Avec un tel braoum dans la propriété, je pourrais m'y pointer à motocyclette sans qu'on m'entende venir.

Ou bien les locataires sont sourdingues, ou bien ils écoutent la radio pendant que fonctionnent la machine à laver, l'aspirateur, le catarrhe du grand-père, la coqueluche du petit et le sommier de la bonne embroquée par le chauffeur.

Toujours rampant, je m'avance sur l'arrière de la house, en direction d'une porte étroite, comme les raffolait la mère Gide.

M'y voici. Je coule un œil. Oh, que c'est imprudent, ce que je fais là ! Me pointer seul et sans arme chez des tueurs ! Faut oser ! Être la bravoure personnifiée. Si encore j'étais noir, je pourrais espérer faire illusion, mais non : blanc comme le lys dans la vallée, donc propice à toutes les souillures. Grand fou, va ! Si bien que j'avance. Impossible de résister dans ce cas pareil à l'attirance d'une lourde ouverte. Après tout, j'ai un aspect de cloche. Je fais irlandais. Je peux dire que je suis envoyé par le conseil communal pour m'assurer que ces étrangers ne manquent de rien. Ou bien que je suis le jardinier chargé d'entretenir les pelouses. Oui, plutôt.

Donc, je pénètre. La petite porte donne dans un étroit couloir. Une porte de cuisine entrebâillée me laisse apercevoir une sublime créature noire occupée à confectionner du café. Elle est nue, sauf qu'elle porte un pansement à l'épaule. Je passe devant la cuisine pour pousser mes investigances. Le corridor conduit à une grande pièce qui devait être une buanderie, dans un premier temps, mais qui a vachement changé de vocation, comme tu vas pouvoir en juger si t'es pas trop glandu.

Figure-toi qu'on y a placé en son centre un immense bac de zinc d'au moins deux mètres zéro six de diamètre sur quelque trente centimètres de profondeur. Tout autour du bac, on a amené du sable. Un énorme projecteur éclaire et chauffe le local. Et ça fait la joie voluptueuse des deux énormes crocodiles qui se prélassent, mi dans l'eau, mi sur le sable chaud. Des crocodiles en Irlande ! Je sais bien qu'il y a des phoques, mais c'est plus compréhensible que ces bestioles. L'un d'eux, en m'apercevant, vagit. Car le crocodile vagit, que ça te plaise ou non. Alors, fissa, je relourde, déjà que les lézards me font froid dans le dos, alors des reptiles de ce gabarit, merci bien : je les fais cadeau à Hermès.

Une suée glacée m'inonde la limouille. Dans quel zoo viens-je de m'aventurer !

Courageusement, je poursuis mes périgrinations. Ce que je maquille là, c'est pis que la roulette russe. D'une seconde à l'autre, je peux être vu. Le cas ayant échéé tout est à redouter. Alors ?

Une forte odeur de café frais. Un bruit de pas. La môme nue qui s'amène ! J'enquille la première lourde venue en priant Dieu pour qu'elle n'ouvre pas sur un vivarium empli d'araignées géantes, de serpents minutes ou de scorpions.

Mais non, il s'agit bonnement des gogues.

Je pousse le verrou. Ouf ! Un instant de rémission ne me fera pas de mal.

Je réfléchis un tout petit brin d'instant et dans le silence de ces lieux propices au recueillement, me rends soudain compte qu'entre le courage et la folie il n'y a qu'un pas que je suis en train de faire. Voyons : il n'est pas possible que je me déplace dans cette maison sans être découvert. Pourquoi me flanquer dans la gueule du loup ? Ce serait du suicide !

Je lève les yeux vers le fenestron chargé d'aérer l'endroit. Malédiction, il est garni de barreaux en fer forgé.

Saint Antoine, de Padova ou du Fleuve Noir, pourquoi m'abandonnez-vous au moment le plus crucial ? Voyez combien je suis démuni et menacé ! Alors aidez-moi, please ! Et si vous n'avez pas de permis de travail pour l'Irlande, déléguez vos pouvoirs à saint Patrick, puisqu'il a la mainmise sur ce bled !

Comme il est judicieux d'élever son âme !

Ça t'incite à lever également les yeux.

Grâce à quoi, j'aperçois une espèce de trappe au plafond des chichemanes. Tiens donc, voilà qui n'est pas négligeable ! Sans doute s'agit-il de quelque conduit d'aération ou de n'importe quoi. On va bien voir.

L'Antonio, pas manche, se juche sur la lunette afin d'atteindre le plafond. Il pousse. Ça ne résiste que par le poids car il s'agit d'une simple plaque de tôle ripolinée. Un effort, la plaque se déplace tout ce qu'il y a de volontiers. Trois ou quatre nouvelles poussées exercées simultanément de bas en haut et de gauche à droite (pour rester dans le goût de l'époque) découvrent complètement l'orifice rectangulaire. D'un léger bond, j'en chope les bords. Un rétablissement et voici mon buste engagé dans la lucarne. Ho hisse ! Je m'élève à l'intérieur d'un grenier mansardé. C'est alors qu'un bruit caractéristique retentit juste sous moi. Un dégourdi avec malice vient de lâcher une rafale de mitraillette dans la porte des cagoinsses. Une douzaine de perforations en zigzag s'inscrivent dans le bois. La chasse d'eau placée derrière l'abattant du siège est crevée, de la flotte s'en échappe, très drue, comme jaillissant d'une fontaine. Madoué, si je m'étais attardé une minute de mieux dans ces chiottes, j'avais droit au potage et je ne me serais rendu compte de rien. Ces gens, décidément, ne s'embarrassent pas de préjugés. Ils vont au plus rapide, au plus radical. En tout cas, je ne perds rien pour attendre à présent qu'ils ont détecté ma présence.

Et je n'ai plus la ressource de leur faire le coup du jardinier. Toujours est-il que je remets la plaque de fer en place. Je traîne sur icelle l'inévitable malle qui moisit dans tous les greniers du monde. Bon voilà. Et alors ?

CHAPITRE XXVI

?

Ne sois pas surpris par ce titre de chapitre, ô lecteur malveillant, toujours prompt aux suspicions et aux sarcasmes.

Quand tu auras pris connaissance de ce qui va suivre, tu comprendras, dans la crasse nuiteuse de ton esprit, qu'aucun autre n'aurait su convenir. Tellement incroyable ! Stupéfiant ! Attends que je cherche un synonyme de renfort : effarant ! Ce que nul romancier aurait l'audace d'imaginer, je vais le vivre d'ici tout de suite. Et, qui mieux est, je vais te le faire vivre à toi aussi, pauvre imméritant. Sans espoir d'être cru. Oui, tel le chalutier fendant la tempête pour aller chercher l'huile de foie de morue tant haïe de nos bambins, je vais affronter ton incrédulité, contre tes vents et marrades, par respect de la vérité.

Prêt ?

Go !

***

En bas, ils enfoncent la porte des vouatères à coups de pompes. Je me dis que ça va leur prendre dix secondes. Plus trois secondes de stupeur en ne découvrant rien. Et puis un laps de temps non chiffrable, car il est fonction de l'intelligence de ces messieurs, avant qu'ils ne pigent la manière dont je me suis enfui.

La radio continue de viorner, toujours à plein chapeau.

Tout grenier, tout galetas, toute soupente comporte un escalier y livrant accès. Généralement, ledit se trouve dans un angle. Comme nous sommes dans un pays où la conduite se fait à gauche, celui-ci est situé au centre. L'important est qu'il me permette de descendre. Ce que j'empresse. J'atterris sur un palier où prennent les portes des chambres, d'après mon estimation. Là, j'écoute : outre la radio jubilesque qui sévit de plus rechef, je perçois des gloussades dans la pièce qui me fait face. Je joue les valets de chambre de comédie et aligne mon meilleur œil au trou de serrure.

Et c'est ici, là, pile en plein, que la stupeur annoncée à l'étage au-dessus me foudroie. Ce que j'aperçois par ce mince orifice, c'est une espèce de harem, m'entends-tu bien ? Je répète : un harem. Et comment appeler la chose d'un autre nom, puisqu'elle se compose de dames nues et lascives en train de s'activer sur un énorme monsieur, comme des chacales (je mets un « e » puisque je parle de chacals féminins) sur la carcasse d'un éléphant. Certes, la scène est déroutante, en pleine Irlande brumeuse, du fait que ces dames sont toutes d'admirables Noires. Mais le fin des fins, là où l'esprit se plie comme une roue de bicyclette entre les rails d'un tramway, c'est quand tu reconnais le bénéficiaire des faveurs collectives, le pacha du boxif, j'ai nommé le maréchal Amin Dada.

Sur l'instant, je me dis : tu rêves. It is impossible. Berlue. Hallucination. Confusion. Sosie. T'as le cerveau qui trépigne. Du flasque dans les cellules grises. Le nerf optique qui fait la colle. C'est pas vrai, c'est pas admissible. Dada, ici ! Dada qui fait tourner le monde en bourrique ! Ce Dada sans cesse au galop ! Ce Dada qui en a tant de sanglants ! Ce Dada qui fait cavalier seul ! Ce cheval de retour ! Ce Dada qui tire à hue et à dia ! Qui monte sur ses grands chevaux ! Ce guignol sanguinolent ! Ce porc hippique ! Cet inhumaniste obscurci ! Cette majesté marécageuse ! Cet analphacon ! Cette excroissance ! Ce gros truc ! Ce monumental machin ! Ça ! Amin Dada ! Ici, à Oughterard, comté de Galway ! Suis-je le jouet du whiskey absorbé chez le père Greeve ? Puis-je me fier à ma vue quand elle s'infiltre dans un trou minuscule ?

Mais j'ai beau regarder, la suite de mon examen est hautement confirmative. Lui, c'est bien lui ! En chair, en noce, en tas, en plein pied, de plein pied. A poil !

Un léger bruit.

J'avise la fille qui préparait le caoua dans la cuisine. Elle arrive, portant un grand plateau. En m'apercevant, elle pousse un hurlement, lâche son chargement de tasses et de pots et se carapate.

Coincé, qu'il est, le bel Antonio. Surtout que le cri de la gonzesse a tout de suite rameuté la garde et ça baïonnette-au-canon vilain dans la taule. Le poste de garde en effervescence. Et cette putain de radio qui raconte la reine et son Philipp-Dédain-Bourre dans les ovations de London.

Vive la reine ! Tu parles. J'en suis une autre.

J'ouvre une porte, c'est pour tomber sur deux gus qui jouaient banani-banana et qui, en entendant hurler miss Noirpiote ont sauté sur leurs tromblons.

Oh ! pardon...

Putain de moi, si j'avais seulement un bout de flingue à ma disposition ! Trois fois rien, une babiole, le moindre 22 long-rifle... Pas à tortiller, faut que je déménage. J'entre sans frapper dans l'harem d'Amin.

— Hello, mister président, je lui lance courtoisement : it's a long pipe to Tipperary, n'est-ce pas ?

***

Et alors, ma chère princesse, il s'ensuivit des choses bien cruelles qui me font peine à relater. L'incroyable personnage était là, nu et érectant, me regardant de ses yeux de buffle venant de traverser un mur dont le papier qui le couvrait représentait un champ de luzerne. Le regard du maréchal Amin Dada ressemble aux deux phares éteints d'une Dedion-Bouton ; ce qui est frappant, c'est leur proéminence qui les transforme en hauts-reliefs. Lorsqu'il cille, l'on croirait qu'on pose un béret sur une boule d'escalier. Il a, comme vous l'aurez remarqué, ma princesse, un nez d'hippopotame dont il se sert, non seulement pour respirer, mais aussi comme d'un moteur hors-bord quand il batifole dans sa piscine. Vous le savez, les dents du maréchal Amin Dada sont très recherchées pour la qualité de leur ivoire, bien supérieure à celle de la défense d'éléphant, son homologue chez les herbivores. Il est notoire que la denture, quand elle est exceptionnelle, révèle des destins d'exception. Napoléon Ier naquit avec une dent, Adolph Hitler ne possédait que des canines et des incisives, Amin Dada, lui, offre une particularité unique dans l'histoire humaine : ses dents repoussent. Il n'eut jamais de dents de lait, s'étant montré carnivore dès sa naissance, puisqu'il mangea au lieu de le téter le sein de sa nourrice. Cet être d'élite eut immédiatement les dents longues. Second phénomène à propos de sa denture : ses dents sont entièrement en ivoire : ni pulpe, ni émail. Uniquement de l'ivoire. Troisième phénomène enfin pour en terminer avec cette partie capitale de son individu : ses dents ne s'arrêtent de pousser que pour tomber. Lorsqu'il en perd une, celle-ci est reformée dans la semaine qui suit. Bien que la chose ne soit pas rendue officielle, l'on sait que le président-maréchal est sous contrat avec Cartier auquel il assure la totalité de sa production d'ivoire pur.

Il est toujours impressionnant, ma princesse, de voir de près un homme fameux, surtout quand la gloire de ce dernier repose sur la tyrannie. Aussi fus-je troublé par la proximité promiscuitante de cet homme remarquable, par son imminence, si vous me passez l'expression, vous qui me passez tant de choses, y compris la langue sur le filet.

Il était là, magistral. Beau comme King-Kong à la fin du film. Triquant toujours, mais pas aussi phénoménalement qu'on serait en droit d'espérer d'un gaillard pesant ses trois cent quatre-vingts livres comme une vache. Amin Dada n'est pas supermonté, ma princesse, et je puis vous assurer qu'il ne me vient pas à la cheville, tant au plan du diamètre que de la longueur hors tout. Mais là n'est pas le problème et vous n'êtes pas sans savoir, salope comme je vous connais, que la modestie d'un sexe n'ôte rien à sa fougue.

En me voyant intruser, à l'instant héroïque où il s'abandonnait aux délires de son cheptel, il poussa un grognement de gorille dont la branche vient de casser. D'une bourrade gauche, il expédia trois de ses partenaires à l'autre bout de la pièce. d'une droite, il brisa la colonne vertébrale d'une quatrième ; se défit du reste par une ruade (on est Dada ou on ne l'est pas), puis, l'esprit en vigile, examina mes mains. Les constatant nues et humbles, il sut qu'il était le plus fort.

— Qui êtes-vous ? me demanda-t-il rudement, de cette voix qui n'est pas sans évoquer celle d'Armstrong quand le disque est gondolé.

Je mis un maximum de candeur dans mes prunelles, un autre d'innocence dans mes inflexions et je lui répondis, ma princesse, que j'étais le garde-champêtre du pays en tournée d'inspection. Une police étrangère impressionne toujours, même quand il s'agit d'un simple garde-champêtre, même si l'on est Amin Dada le Grand, dit le bienfaiteur des crocodiles...

Le fier personnage eut un léger flottement. Là-dessus, mes poursuivants survinrent, affairés, effarés, soumis, anxieux, déjà repentants de ce qu'ils n'avaient pas commis, comme le sont les courtisans d'un monsieur qui a droit de vie et de mort sur eux. Ils étaient nombreux, armés, méchants. Ils parlaient un dialecte africain que j'ignorais et n'eus pas le temps d'apprendre car ils me massacrèrent littéralement de la crosse de leurs armes qu'ils tenaient à l'envers, comme au restaurant, leur couvert à poisson.

Je crus périr, princesse, et si je ne périssas pas, c'est uniquement à cause de ma parfaite constitution. Mais, durant mon séjour dans le coma, ma pensée ne se sépara pas un instant du bon maréchal Amin Dada dont j'eus longtemps le mufle sur le visage. Sa respiration produisait le bruit des chutes du Niagara. Ce monsieur doit posséder une capacité thoracique équivalente à celle dont jouissait le regretté dirigeable Graf Zeppelin. Le déplacement d'air me tira des limbes. Je crus, étant donné la pagaïe de mon esprit et les meurtrissures de ma viande, flotter contre la coque d'un cargo peint en noir. Mais c'était en réalité le corps athlétique du glorieux militaire qui remporta tant de victoires sur les tribus Zizipanpans, O'tmoualdouadla et Gnoufgnouf, grâce à la mitrailleuse lourde de son artillerie.

Son regard avait ce sérieux de l'ogre qui se demande s'il va te manger cru ou à la broche et attend une réponse de ses papilles.

Ah, oui, princesse, ce fut une expérience très terrible, car je n'étais qu'au début de mes peines.

CHAPITRE XXVII

Au début de mes peines

Qui voit Pléven voit ses peines, disait-on sous la Quatrième et avant-dernière République.

Moi, j'ai de la veine de ne pas voir mes veines car elles doivent être dans un triste état. Je ne suis plus qu'une ecchymose !

Les sbires du maréchal Amin Bourrin m'ont dépiauté entièrement. A mon tour je suis nu. Ils m'ont ôté mon merchurochrome et ils vocifèrent en me désignant du doigt ; surtout la nana porteuse de café qui trimbale un pansement à l'épaule. Elle me paraît drôlement teigneuse, cette souris, et comme vindicative. Et puis voilà que je pige tout quand, au plus fort de ces gnagnagnades, elle désigne sa blessure. C'est elle qui est venue en compagnie de deux gonziers, dans ma chambre de l'auberge, l'autre nuit, avec l'intention de me marquer au fer rouge. Quand j'ai opéré ma contre-attaque à la lampe à souder, c'est cette splendeur sombre qui a dégusté. Elle s'en plaint amèrement auprès du grand chef et doit lui solliciter ma peau de sa haute bienveillance. Amin Canasson l'écoute en passant son énorme main d'anormal congénital sur sa face pour film d'épouvante de série C.

— Well ! Well ! il dit.

Il se met à réfléchir. Cézigue, quand il pense, ça fait comme un qui demanderait, au moment de payer, où il a oublié son porte-mornifle.

Enfin, il lève un doigt plus gros que sa zézette. Le doigt du milieu vu qu'il était sergent-major avant d'être promu maréchal.

— Il faut aviser, dit-il dans un anglais un peu savonneux.

Il se dirige vers un portemanteau où est accroché son pantalon et un énorme talky-walky. C'est l'appareil qu'il saisit. Il en développe l'antenne et se met à messager en dialecte ougandais (du moins je le suppose, car il n'a aucune raison de parler lapon ou astéque). Il cause sans presque remuer ses lèvres qui ressemblent au sexe démantelé d'une vieille pute marseillaise. La voix qui lui répond est aussi nasillarde que la sienne. Plus lente. Presque plus autoritaire. Ça dure un certain temps, pour être précis, et il coupe la communication.

Ceux qui attendent me filent des coups de saton à la sournoise dans les côtelettes, la fille brûlée surtout. Je frémis à la pensée de ce qui m'attend. Ces braves gens doivent aimer les hautes voies de fait sur la personne de leurs ennemis vaincus.

Le président brille comme l'armoire de noyer de ma chère défunte grand-mère, sauf qu'il est beaucoup plus large. Son œil se fait de plus en plus blanc, son souffle de plus en plus bruyant. Il tend dans ma direction son bras souverain et biscoteux. Juste comme il va parler, cette merderie de radio répandue dans la demeure lance son blaze à toute volée. Le speaker déclare que le maréchal Amin Dada a disparu après avoir quitté Kampala depuis quarante-huit heures pour, a-t-il déclaré, participer au jubilé de la Couine Élisabeth. On signale que la tour de contrôle de l'aéroport de Dublin a détecté l'appareil à bord duquel l'illustre tas de viande aurait pris place. On tiendra les zauditeurs informés de la suite des événements.

Un long silence suit. Puis ces messieurs-dames se mettent à rire et à jacasser comme une volière pleine de perroquets.

Amin claque ses belles fesses d'intellectuel. Il trouve ça farce. C'est la meilleure de l'année. Oh, les cons ! Comment qu'il les possède !

Il en est si joyce qu'il me marche sur le bide de façon mutine, en camarade. J'ai l'impression que l'Empire Stade buildinge vient de me sauter dessus à pieds joints.

Tout de suite après, changement de programme : sur un ordre du noble poids lourd, jaloux sans doute de la bienveillance de la nature à mon endroit (et c'est exactement pile recta le mot qui convient), quelques petites friponnes salaces se jettent sur mon hémisphère austral pour me flamboyer les vigueurs. T'imagines pas que je vais me livrer à une démonstration de haute voltige devant ces ahuris, non ? Il est pas bon pour se donner en spectacle, l'Antonio très San. Bavouiller sur la scène de l'Olympia, merci bien, je te laisse !

Mais ces diablesses sont tellement expertes que pour résister à leurs papouilleries, même en étant blessé et conformiste, une volonté de fer n'y suffit pas. Surtout quand c'est pas la volonté que tu as de fer ! L'assistance m'encourage en battant des mains.

« Non, me dis-je, pas de ça, mon cher Sana, tu as ta dignité ! Le respect humain n'est pas fait pour les manuels de morale des écoles communales corréziennes d'avant 14. Tu te dois de...

De zob, oui ! J'ai beau penser à des choses terriblement affligeantes, j'ai la bêbête qui monte, qui monte. Surtout qu'il y en a une parmi les autres, tiens, tu te rappelles l'ancienne ministre des Affaires Étranges ougandaises qui s'est fait piquer à pomper les passagers dans les chiottes d'Orly ? Combien déesse elle était, sublime de partout, raffolante, divine ? Eh bien, sa jumelle ! Et pas manchote du prose, si je puis me permettre. De Dieu de Dieu, cette science poussée jusqu'à l'abominance des choses de la tringle. Et quelle acrobate ! Si je te disais qu'elle se tient soulevée du sol, en prenant appui sur ses mains et ses pieds, les jambes violemment ouvertes et le ventre en furie. Et que même... Mais non, ce serait trop poussé d'y dire.

Toujours il est que j'oublie mes hauts sentiments, si chiants quand la chair t'emporte. Et que je bondis sur la demoiselle au vu et suce de tout un chacun.

Ces salingues me criblent de coups de savates pendant la séance. J'oublie cette grêle de gnons sur mes plaies vives. J'oublie ma plaie d'orgueil. Ce sera pour plus tard, pour après.

Tout en ramonant la noirpiote comme un sauvage, à même le tapis, je la déplace à grands coups de reins féroces. Parce que, vu que t'es un pote, je vais tout de même te mettre le nez dans la confidence. Si j'ai décidé de brosser mamz'elle, ça n'est pas seulement parce qu'elle me faisait foutrement envie. C'est surtout parce que j'ai repéré un gros flingue à la ceinture du pantalon d'Amin accroché au portemanteau. Donc, c'est dans cette direction que je la bourre, cette salope ! Et tiens, et vlan ! Cognez toujours, mes lascars ! C'est ça : flagellez ce con de blanc de blanc... Chaque poussée me fait gagner quelques centimètres.

Les autres, surexcités comme à un culte vaudou, scandent mes poussées. Ils sont en transes, les yeux hors de la tronche, les langues pendantes, la sueur sortant de leurs toisons noires. M'y voici presque.

Alors je marque un léger temps d'arrêt pour faire basculer ma partenaire. La pratiquer en levrette, manière de changer un peu les plaisirs. Elle est surdouée, cette merveille. Faut que je me cramponne ferme pour pas aller à dame trop vite, qu'autrement, tout serait foutu. Quand j'ai limé Fleur-de-Savanes une troisaine de minutes, je décide d'adopter encore une nouvelle pose. Debout, cette fois : le fin des fins, pour pro seulement ! A la cosaque, ou à l'auvergnat. La seule différence c'est qu'à l'auvergnat t'as pas d'éperons.

Je la lève et me lève sans fuir sa personne. Ravitaillement en vol ! De toute beauté. Une réussite. L'homme serpent de la Foire of the Trône ne parviendrait pas à mieux.

La ninette, franchement, bien qu'elle joue à la zézette brûlante toute la sainte journée, elle connaissait pas encore le coup de la brouette cubaine, façon castriste. En Afrique-pas-du-Nord, ils sont pas encore au fait de cette position, car y' a lulure que les pères missionnaires sont repartis en permission. Ils étaient les seuls à bien exécuter la brouette cubaine, ça leur facilitait l'intro malgré la soutane qu'il leur suffisait de défaire deux boutons à bonne hauteur. Et puis le colonialisme a mis les bouts, religion en tête. Alors, maintenant, pour ce qui est des moniteurs de brouette cubaine, tiens !

La black poulette, elle en glousse de ma prouesse, se tenir en angle aigu, bien arrimée aux omoplates par les mains d'un julot pas feignant du pilon-noceur et se sentir enfourner et ballotter par la tempête des sens, dis, c'est une grande première, merde ! Mister président, très intéressé, s'avance pour bien matouzer le comment du pourquoi, la manière que ça s'enclenche, ce truc. Tout, quoi ! Et ma pomme, j'hésite entre aller au fade d'abord et cramponner sa pétoire ensuite pour lui jouer *Zorro et la Diligence Infernale*, ou bien me priver de panard, garder intactes mes forces afin de mieux jouer mon va-tout.

Pour une fois, c'est la raison qui l'emporte. Je lui ferai don de ma personne à la prochaine occase.

Manière de ne pas éveiller leurs soupçons, je me mets à glapir comme si je partais en caramel. Et je lui lâche une hanche pour virevolter de la main. Eux, ils imaginent que c'est ainsi, le pied occidental.

Des suces et coutumes, hein ? Après tout, pourquoi qu'un grand Blanc, quand il éjacule, n'agiterait pas sa main droite en direction d'un portemanteau ? Eux, patients, captivés, attendent l'heureux dénouement de ma pâmoise.

Ce dont je profite pour opérer, au niveau de la ceinture, une diversion intéressante, pas qu'ils regardent plus haut. La bioutifoule petite friponne a passé elle aussi la vitesse supérieure ; elle brame comme jamais Amin Bourrique ne l'a fait bramer avec sa zézette de sous-officier de réserve.

Ma main n'est plus qu'à trois centimètres de l'arme. Va bien falloir manigancer sa petite affaire, cré bon gu ! J'ai le cerveau branché sur l'automatique. Plus besoin de tirer des coups sur la comète. Le plan, déjà programmé, se déroule tout seul.

En un éclair, mais, bénéficiant du majestueux ralenti subconscient, j'ai l'impression que les choses s'opèrent sur des années-lumière. Que je vieillis pendant leur accomplissement, deviens chenu, voûté, bancroche, ratatiné. N'empêche que, dans un premier temps, j'arrache le pétard de son étui pour cow-boy d'opérette ougandaise ; dans un second, je balance ma dame-étui à travers la foule (si je puis user d'un mot aussi conséquent) et que dans un troisième je bondis sur Amin Dada et lui applique le canon de sa propre pétoire sur sa nuque olidesque.

Pas un gusman n'a eu le temps de penser « ouf », voire d'émettre une simple exclamation de dépit.

— Alors voilà, dis-je très gentiment, tout en battant la mesure avec mon goume qui n'a pas encore été mis au courant du changement de programme (c'est lent à piger ces grosses bêtes), si quelqu'un a le malheur de broncher, je bute le maréchal.

Tout en menaçant, je me dis que, de toute manière, ce ne serait pas une mauvaise idée et que, dans certains cas, l'équarrissage a du bon. Une praline, et un peuple opprimé retrouve son indépendance. Je deviendrais dès lors un héros international, les pigeons du monde entier déféqueraient sur ma statue aux quatre coins de l'univers.

Le gros lard respire comme un poumon d'acier dont le mécanisme s'est déréglé. Il bredouille des choses à ses hommes. Et alors, y' en a l'un d'eux, un type très bien, grand, l'air dur, intellectuel puisqu'il a une pointe Bic dans la poche supérieure de son veston, qui lève la main pour demander la parole. Magnanime, je la lui donne.

— Si tu fais une chose pareille, dit-il, l'Ouganda déclarera la guerre à la France.

Allons bon : une de plus qu'on va perdre ! Y' a de quoi méditer en effet.

J'enfonce dix centimètres de revolver dans les replis du maréchal.

— Cher président, fais-je, dites à vos pieds-nickelés de jeter leurs armes devant vos pieds.

Mais l'autre bredouille toujours des trucs incohérents. En pleine déroute. A cet instant, un léger grésillement s'élève dans le silence oppressant. Ça provient de l'énorme talky-walky. Il est encore fixé à l'épaule du cher Dada de cirque. Je n'ai qu'un mini geste à accomplir pour décrocher.

Ça cause africain. Je réponds anglais.

— De quoi s'agit-il ? fais-je sèchement.

La voix est grasse, spongieuse, nasillarde.

— Qui êtes-vous ?

— Le monsieur qui tient un revolver contre la nuque d'Amin Dada, réponds-je. Et qui va lui faire éternuer sa cervelle si on joue au petit pompier avec lui.

Un formidable éclat de rire me répond. Alors, là, franchement, je déconcerte. Je vois vraiment pas ce qu'il y a de poilant. Mon interlocuteur invisible hausse le ton et se remet à parler en dialecte ougandoche. Il s'adresse de toute évidence à l'assemblée. Qui se met à tu sais quoi ? Tousser ! Je pige que le gonzier leur a dit de tousser au cas où ils seraient sous la menace et n'oseraient parler. Et il continue la jacte.

— Parlez anglais ! hurlé-je, ou je coupe le contact.

Mais l'autre vocifère des trucs à en pulvériser le talky-walky. Alors je coupe. Hélas, le mystérieux personnage a eu le temps de dire ce qu'il fallait, car plusieurs blondinets téméraires dégainent leurs rapières en s'abritant derrière les filles du harem, et se mettent à nous praliner. Je me placarde derrière le maréchal Amin comme derrière un baobab afin de ne pas avoir trop bobo. Les balles crépitent dans la viandasse du gros qui se met à pisser le sang de partout. Il ne dit rien, mais geint. Et puis, tel un chêne qu'on abat dans le parc de Malraux, il choit lentement et moi avec sa pomme.

Le tir s'interrompt aussitôt. Je suis noyé dans le sang du gros Amin. On entend glouglouter son raisin, étrange bruit de source. Il spasme un peu, point trop, avant de s'immobiliser. Des mecs s'approchent de nous, revolvers à la main. On va m'assaisonner en plein, à bout portant. Mais le chef de l'escouade lance un ordre. Il rempare le talky-walky pour un message. L'appareil canardé est aussi hors d'usage que son maître. Alors le gus jacte, jacte pour les autres qui ne paraissent pas tellement émus d'avoir liquidé leur maréchal-président. Y' en a même quelques-uns qui lui virgulent un coup de saton dans le bide, en douce.

Est-ce que la mort du tyran va changer l'orientation de mon destin ?

CHAPITRE XXVIII

L'orientation de mon destin

A la suite de cette scène sanglante, mon cher abbé, ces messieurs renoncèrent à me mettre à mort séance tenante. Ils me prirent, qui par un bras, qui par un pied et m'évacuèrent, ce qui était fort obligeant de leur part car, leurs salves m'ayant épargné, j'aurais fort bien pu me déplacer par mes moyens naturels. Il faut préciser toutefois que, rouge du sang de l'éminent chef d'État, je devais passer pour grièvement blessé.

Ils m'entraînèrent donc et je me félicitais intérieurement d'avoir eu la présence d'esprit de ramasser le revolver d'Amin qui m'était tombé de la main au moment de l'échauffourée et de l'avoir discrètement coulé sous mon aisselle, seul endroit propice à un relatif camouflage, compte tenu de ce que je me trouvais complètement nu, sauf votre respect, mon cher abbé. Toujours sauf votre respect, je me trouvais encore en état d'érection, et même d'insurrection sensorielle et, pendant mon transport (en commun) ma petite camarade Coquette semblait diriger la Cinquième avec la maëstria d'un Von Caravane grand concert. En la voyant passer, les dames présentes la regardaient d'un air ému, l'œil et la chatte humides, mesurant combien il était dommage de laisser se perdre dans les abysses de l'inemployé une vigueur à ce point bien conformée.

Imaginez des petits Biafrais regardant fondre une motte de beurre au soleil ; ou bien M. Chirac apprenant la démission du président de la République alors qu'il est en quarantaine dans une île du Pacifique pour y avoir attrapé quelque mauvaise peste plus ou moins bubonique.

Donc, ils m'évacuèrent, mon bon abbé. Et me descendirent jusqu'au sous-sol. Comme ils me véhiculaient sans grand ménagement, en cours de route, le revolver me chut de l'aisselle et ricocha sur les marches, ce qui m'amena à me traiter de con et à traiter le sort de fumier.

Décidément, ma position restait critiquissime ; le seul côté positif — ô combien ! — résidant dans le fait qu'ils ne m'avaient pas mis à mort.

Nous parvînmes dans un grand local voûté qui sentait la tourbe. Il avait de bonnes raisons pour cela, car une moitié de son volume était occupé par des briques de tourbe agglomérée, à la découpe plaisante, lisses et compactes. Dans la partie demeurée disponible se trouvaient trois personnes méchamment enchaînées.

En les voyant, mon sang ne fit qu'un tour. Après quoi, il continua, Dieu thank you, d'en faire d'autres.

Mais que je te dise, l'abbé.

***

Sur les trois personnes que je te cause, il y'en a une que je n'ai jamais vue, mais comme il ne s'agit pas de la plus importante, je te la laisse pour ta collection privée. Il s'agit d'un bonhomme qui ressemble un peu à Spencer Tracy, quand il était vivant bien sûr. La seconde est une dame, celle qui jouait à l'infirmière chez les Aïlikitt et qui trucida si proprement le maître de maison. La troisième, tu l'auras deviné sans doute, à moins que tu n'aies déjà lu le paragraphe ci-joint, la troisième, mon chéri...

La troisième personne n'est autre que Vernon O'Bannon.

Pan, dans les carreaux ! Chope et va à l'essai, mec ! Si t'aimes pas ce genre de coup de théâtre, je vais te faire préparer une omelette norvégienne au lard.

On m'enchaîne à mon tour, car il s'agit bien de véritables chaînes, avec des bracelets d'acier pour les chevilles (si on peut se risquer à appeler bracelet des trucs qu'on te met aux jambes). Et puis on me laisse. Un jour médiocre, blafard, filtre par un soupirail dont la vitre est grise de poussière. Je considère mes compagnons avec apitoiement, car, ce que je ne t'ai pas encore révélé, c'est que tous trois ont le front tuméfié, brûlé, cloqué, bistouqué.

— Salut, la coterie ! lancé-je joyeusement, et pardon de me présenter à vous dans un aussi simple appareil, ce sont ces braves gens qui m'ont déshabillé.

Ils me friment avec des expressions vachement fanées, tous.

— Si on parvient à s'arracher d'ici, continué-je, il ne vous restera plus qu'à vivre en France, après vous être fait naturaliser russe ou polonais.

— Pourquoi ? demande sèchement O'Bannon.

— Parce que vous aurez le mot « slave » imprimé au front. Chez nous, il n'a pas la même signification que chez vous et qualifie quelqu'un appartenant au groupe des russes, tchèques, polaks, etc...

Là-dessus, je décide de leur laisser le crachoir, malgré toutes les questions qui me carbonisent les muqueuses buccales.

C'est un bon procédé.

Un nouveau arrive dans une geôle, ceux qui s'y trouvaient avant lui ne peuvent résister au besoin de lui parler.

Et ça ne manque pas.

— Comment êtes-vous arrivé ici ? questionne le compagnon d'O'Bannon.

— En charrette à âne.

— Ils vous ont eu ?

— Comme vous pouvez le constater, mais moi en revanche, j'ai eu le grand Amin Dada. Vous serez les premiers à apprendre le décès à la fleur de l'âge de cet illustre personnage.

La nouvelle n'a pas l'air de les épater.

— Le type d'en haut ? demande l'infirmière.

— Amin, oui.

Elle hausse les épaules.

— Ce n'est pas Amin, mais sa doublure.

Merde !

Voilà, je n'ai qu'un mot pour traduire mon état d'âme en français : merde. Son sosie ! Sa doublure ! Mais naturellement. Et la voix, au talky-walky était celle du vrai Dada. Et c'est lui qui a crié à ses sbires d'ici de ne pas hésiter à buter l'autre pour reprendre la situation en main !

Et qui est-ce qui l'a dans le babe ? Le Santa joli !

— Mais alors, où est le vrai ? demandé-je à la cantonade.

— A bord d'un navire, hors des eaux territoriales.

Le veau, la vache, le cochon, la couvée !

— Mais, dis-je, que manigance-t-il ? Pourquoi ce commando en Irlande ? Et qu'avez-vous à voir avec lui, mister O'Bannon ?

Comme tu le vois, mes belles résolutions de silence-destiné-à-déclencher-les-confidences ne tiennent pas. Trop de questions se coincent dans ma gorge, dévastent mon esprit, font craquer ma nervouze. Seulement, le trio n'a pas envie de répondre. Ces trois personnages sont calmes, certes, mais abattus. Ils se trouvaient lancés dans une opération qui a capoté. Ils savent se résigner, ce qui ne les empêche pas de ruminer des amertumes. Alors, la causette, à la tienne, ils la laissent pour le café du Commerce.

Depuis la cave, on continue d'entendre la radio, comme quoi Sa Gracieuse Majesté est parvenue à Westminster dont on entend le carillon. Alleluia ! Loué le Yahweh ! Vive ! Vive ! Couronne is good for God ! Et l'Edimburg, il gode, lui ? Je voudrais le voir s'embourber mémère, le soir à la chandelle. Sa Majesté vergetée de first ! Pip pip pipe hurra !

Un peu plus tard, le chef de la bande de pieds-plats du haut, celui qui a les cheveux frisés et une pointe Bic, se pointe, entouré d'une demi-douzaine de lascars. Il nous examine d'un œil vaguement indécis, semblant opérer un choix, comme le militaire au bordel qui met en compétition pêle-mêle, gentillesse et doudounes, air salingue et cul pommé.

Il est infiniment sérieux, ce garçon. Enrichi, diraiton, par ses prérogatives, ce qui est fréquent chez la plupart des individus investis d'un quelconque pouvoir qui les différencie.

Il désigne l'infirmière.

— Elle ! dit-il vraisemblablement en africain.

On déchaîne, non pas un tollé général, mais la dadame qui envoya *ad patres* le pauvre assureur, et ils l'entraînent vers l'escalier. Elle est verte de peur, mais courageuse.

J'interpelle le big chief :

— Hé, Fleur de Tropique ! Ça ne vous ennuierait pas de prévenir le Père Amin que j'ai un message important à lui transmettre ?

L'autre me défrime méchamment, puis il me désigne à ses péones, du même geste qu'il vient d'avoir pour sélectionner la fille. On m'ôte déjà mes fers et je me joins au cortège.

Te dire que je suis rassuré quant à la finalité de mon séjour ici, ce serait te mentir. Or, tu connais mon souci maniaque de franchise intégrale. Chez l'ami Santa, c'est de la cuisine au beurre : la vérité, rien que la vérité, toute la vérité, et quand y'a pas de vérité en réserve, on en invente ; jamais laisser le lecteur manquer de vérité.

Dès lors, inquiet, je me laisse remonter *at the first floor* comme on dit puis en classe de sixième.

Je pige tout lorsque nous déboulons (sans levée d'écrou) dans le petit couloir en forme de corridor qui mène à la cuisine, certes, mais aussi, mais surtout, mais hélas au vivarium où l'on a installé les deux crocodiles. J'ai déjà compris. Et comme j'ai raison d'avoir pigé ! C'est bien, effectivement, cette fâcheuse porte que mes gus délourdent après nous avoir ligoté chevilles et poignets. Mamma mia ! Quelle séance ! Venir en Irlande pour se faire clapper par des sauriens, y'a qu'à mézigue que ça se produit, non ? Et puis itou à la malheureuse assassine qui m'escorte.

En pénétrant dans la pièce, j'ai un haut-le-cœur. Quant à ma compagne, elle s'évanouit carrément. Magine-toi, l'Enflure, que ces gentils animaux aux dents pointues sont en train de se déguster la carcasse du faux Dada.

Le grand Noir faisant fonction de chef de brigade me dit en souriant.

— Nous avons amené ces bêtes avec nous, car elles constituent le meilleur moyen de faire disparaître quelqu'un sans laisser de traces.

Quand je te disais que ce type était un intellectuel !

***

Une première fois, l'infirmière (je continue de l'appeler ainsi, puisque j'ignore son blaze) revient à elle. Mais c'est pour voir le plus mahousse des deux clappeurs sectionner une guibole du gros cadavre et se la tortorer gaillardement, à grandes goinfrées. Ses petits yeux à demi fermés me semblent malicieux. La brave bête nous guigne comme un marmot auquel on vient de servir deux gâteaux à la fois et qui bouffe le premier en convoitant le second.

Son pote, lui, s'explique avec la tronche du sosie (les sosies sont à l'ail, dirais-je cette fois, au lieu des sosies sont de Lyon que mes origines me poussent à préférencier). On voit la grosse frite sombre du faux Amin se déformer, comme un masque de caoutchouc que l'on triture, et puis éclater soudain. Le crocodile ne fait pas philippine avec le cerveau, la tête n'étant pas celle de Pascal. Il déguste assez sobrement et, je dois lui rendre cette justice, sans éclabousser exagérément les abords.

La fille se met à hurler, hurler, hurler, à couvrir le bruit hideux de la double mastication ; à couvrir les tonitruances de la radio qui jubile plus que jamais dans l'Abbaye de Westminster, et même à couvrir les battements de nos cœurs éperdus devant l'horreur d'un tel spectacle.

Pour ce qui est du commissaire, il cherche à garder la tête froide. Il se dit que ces bestioles sont en train de calmer leur appétit, et que celui-ci doit avoir des limites. Un gonze comme l'Amin Dada de rechange, crois-le, ça te fait largement pour deux personnes, même quand elles se tiennent bien à table. Bon, la porte est fermée à clé de l'extérieur, j'ai entendu jouer la serrure, mais il s'agit d'une porte normale, en bois. Le jeu consiste donc à me défaire de mes liens, chose qui est dans mes moyens. Le nombre de fois, au cours de mes inépuisables exploits, où je me serai délivré d'entraves de ce genre est positivement incalculable et je vais pas t'infliger le récit toujours fastidieux, complaisant et puéril de ces liens qu'on mord, qu'on râpe, qu'on distend, qu'on effiloche, qu'on brûle, qu'on scie, bref, dont on se débarrasse. Tu crierais au « remboursage », mesquin comme je te sais. Ah non, pas de ça Lisette ! Honneur et Patrie ! Gloire à l'école laïque ! L'Antonio, n'importe le régime en vigueur (ou en langueur), il a sa dignité. Il fait pas dans le cliché, à moins que ça ne soit du cliché érotique. Il en donne pour l'argent.

Alors, bon, très bien, tandis que clappent les crocos et que dame infirmière se rompt les cordes vocales, j'entreprends de me délier les poignets. Mais ces cons volants n'ont pas pris de la ficelle normale ; eux, non seulement ils se déplacent avec leurs crocodiles-fossoyeurs, mais ils apportent en outre, afin de ligoter leurs victimes, de la fibre de couillardier, qu'est imputrescible, incombustible, incompatible, incorruptible et imprononçable dans la bonne société. De plus, il n'est pas possible de la trancher avec une lame normale ; alors quoi, merde, qu'est-ce qui nous reste ?

De plus, je suis gêné dans l'expression de mes mouvements, comme j'ai entendu déconner un gus à la téloche « l'expression de ses mouvements », je te jure ; faut pas craindre, hein ? Avoir la cervelle vachetement ventilée ! Et se sentir l'ognon à l'aise, quand bien même tu serais assis sur un paratonnerre ! Donc, plagié-je, je suis gêné dans l'expression de mes mouvements par la pauvre fille qui se tient collée à moi, que j'en ai son solo de castagnettes plein les tympans. Mais bibi, toujours identique à ce qu'il n'est pas, continue d'espérer. Des liens, même en fibre de couillardier, y'a pas de bon Dieu, tu dois t'en débarrasser quand t'es Santantonio, avec des tirages pareils et une renommée comme faut voir comme.

— Ne regardez pas, je calme la gosse, si faiblarde devant l'horreur, malgré qu'elle soit pas manchote du séchoir à cheveux, la garce. Nous allons nous en tirer. Ils ne vont pas nous attaquer tout de suite après un tel repas gastronomique. Je vais me débarrasser de mes liens. Je sens qu'ils deviennent déjà plus souples.

Mes fesses, oui! Là, je me livre à un pieux mensonge, pas que sa boussole vire plein sud.

Car mon siège est fait, comme disait André-Charles Boulle : jamais je n'arriverai, seul, à me débarrasser de mes liens.

Alors on se plaque contre un mur, le plus loin possible des deux vilains bafreurs. Joue contre joue, pour un slow tellement slow qu'on reste immobile.

— Dites, adorable créature, que fichez-vous donc en compagnie d'O'Bannon?

Elle frissonne toute, de partout, et moi, pas pleinement déconnecté de la séance amoureuse qui précéda, je sens, malgré mon inconfort, la grande Zézette repartir comme en 14. Bien le moment! Triquer dans une situation pareille! Je raconterais ça à d'autres, je te jure qu'ils le croiraient pas. Heureusement que t'es con à en devenir scatophage, qu'autrement je passerais pour un lavedu.

Elle met du temps à répondre. C'est un baiser de réconfort sur sa tempe qui la déclenche :

— Depuis dix ans, je suis la principale collaboratrice de Vernon.

— Et l'autre type qui est avec vous?

— C'est Medow, mon mari.

— Pouvez-vous m'expliquer un peu dans quel plat d'épinards vous avez foutu les pieds, tous les trois?

Là, elle reste bouche cousue. Alors je lui asticote le mental de première.

— Moi, la mère, comprenez-le, je ne vous veux pas de mal. Je suis un privé français engagé par Thomson pour retrouver O'Bannon. Et, sans doute le savez-vous, peut-être même avez-vous de bonnes raisons pour le savoir, mais Thomson est mort. Donc, mon contrat tombe. Si par hasard je tirais mes pieds de ce marigot, je serais trop heureux d'oublier tout ce circus. Mais s'il se trouve que je peux finir ma carrière déguisé en crotte de crocodile, j'aimerais, auparavant, ne pas mourir idiot. Je ne rappelle plus le nom de cet homme illustre de l'Antiquité auquel on demandait pour quelle raison il apprenait à jouer de la harpe avant de mourir, et qui a répondu : « C'est pour savoir jouer de la harpe avant de mourir ». En l'occurrence, c'est kif kif bourricot. Je veux savoir à quoi correspond cette incroyable odyssée avant de devenir du crocodou !

Un élément nouveau vient de se produire.

D'importance.

Le plus gros des crocos décide qu'il en a classe de jaffer du cochon noir et qu'il aimerait bien se refaire un palais avec du cochon rose. Alors il sort de sa grande cuvette pleine d'un atroce liquide rouge et, traînant ses grosses patounes griffues, s'approche de nous.

***

Ça possède combien de ratiches, une bestiole pareille ?

Tu le sais, toi ?

Je les compterais bien, mais ça avancerait à quoi ? Le nombre des balles composant la rafale qui t'aligne, c'est secondaire. Ce qui importe, c'est *la* balle mortelle.

Il se pointe, la gueule sanguinolente, des reliefs pas joyces entre ses chailles. Elle a encore faim, cette bête. Parvenue à un mètre de nous, elle stoppe, clôt son long museau pareil à un tronc d'arbre fendu, abaisse ses lourdes paupières de quelques centimètres. Un petit somme ? Que non pas. Simplement, elle se fait languir.

On jouit, de ce fait, d'un petit répit.

Et l'Antonio, héroïque de curiosité, demande :

— Que faisiez-vous dans cette merderie d'histoire, chère amie ?

— C'était un contrat...

Elle parle sans presque savoir, par réflexe inconditionné.

— Un contrat passé avec qui ?

— Amin Dada.

— A quel sujet ?

Et alors, j'entends, tombant des lèvres glacées de la charmante jeune femme, cette déclaration inouïe :

— Il voulait devenir roi d'Irlande.

CHAPITRE XXIX

Roi d'Irlande

Amin Dada, roi d'Irlande !

Bon.

Les choses surprenantes, faut pas s'insurger, leur glapir au scandale ; mais les étudier de près et alors, alors seulement, rendre son verdict en son âme et conscience. Toute folie comporte une motivation qui la rend en fin de compte plausible.

Si nous nous penchons sur le cas Dada, nous dégageons avant toute autre chose sa haine admirative pour le Royaume-Uni en général et pour son symbole absolu, la Reine, en particulier. Ce grand diable, qui monte facilement sur ses grands chevaux, ne peut oublier la férule d'antan. Aussi, lorsque, maître absolu de l'Ouganda, il fait chier la bite aux rosbifs, leur demande de le coltiner en palanquin, comme le premier Paul Six venu, leur envoie des charters d'agrumes pour, dit-il en rigolant, les assister, oui, quand Dada s'abandonne à ces grinçantes facéties c'est parce qu'il a au cœur, vis-à-vis de la nation britiche, une indéfectible admiration, jointe à une haine farouche. Que, dans son esprit particulier, l'idée ait germé qu'il puisse devenir roi du pays anglophone le plus proche du Royaume-Uni, pays soumis à l'Angleterre et la haïssant aussi fort que lui, oui, qu'une telle idée lui soit venue n'a rien d'époustouillant. Elle est même lo-gi-que.

Mister crocodile vient de faire un petit pas en avant, ou plus exactement quatre. Son museau arrondi est posé sur le carrelage. Il somnole, dans la chaleur des projecteurs, ou fait semblant. J'ai senti que la petite infirmière assassin allait hurler, alors je lui ai mis la main sur la bouche.

— Ne criez pas, ne faites pas un geste, restons debout et immobiles.

La bête est comme naturalisée. Rien ne bronche en elle, ni sa mâchoire, ni ses paupières. Sa première collation lui suffirait-elle pour l'instant ?

Qui peut le souhaiter plus ardemment que nous ?

— Vous disiez donc, tendre amie d'infortune, qu'Amin veut-être roi d'Irlande ? Mais à quel titre ?

— Il a proposé un marché au gouvernement de Dublin ; celui-ci promulgait une loi destinée à lui conférer la nationalité irlandaise, puis la royauté, moyennant quoi, Dada assurait la richesse de ce pauvre pays.

— La richesse ? Diantre, comment s'y prendrait-il, lui-même n'a pas la réputation de rouler sur l'or ?

— Des savants soviétiques ont découvert que le sous-sol ougandais regorgeait de richesses : uranium, pétrole, nuts, kim orange et diamants. Là-bas se trouvent les plus forts gisements de la planète. Sitôt qu'il a été informé de l'aubaine, Dada a pris les mesures qui s'imposaient : il a fait couper leur sexe aux savants d'un coup de faucille, et leur a cassé la tête à coups de marteaux avant de les ensevelir dans son potopoto à crocodiles privé.

Elle frémit en considérant « le nôtre », toujours assoupi, tel un gros lézard attendant d'être chatouillé.

— Vous pensez qu'il va s'attaquer à nous ?

— Pas pour l'instant, car il digère... Bon, alors Dada apprend que son pays est follement riche en devenir. Au lieu de traiter avec une grande nation susceptible d'exploiter ses gisements, et d'assurer l'aisance de son peuple, comme l'a fait l'émir Kâlamar Fârssi, ce gros vaniteux entrevoit d'être sacré roi d'Irlande afin d'emmerder la Couronne Britannique ?

— C'est à peu près cela.

— Et comment a-t-on pris cette étrange proposition à Dublin ?

— Comme il convenait, c'est-à-dire par un haussement d'épaules. Le gouvernement a cru à une nouvelle pitrerie du clown noir.

— Alors ?

— Amin ne s'est pas avoué battu, il a décidé que, puisque les tractations officielles tournaient court, il fomenterait une révolution, ce qui lui parut aisé sur cette terre de luttes intestines constantes.

— Et c'est à ce stade, comme on dit au Brésil, que Vernon O'Bannon entre dans la course, je suppose ?

— Tout juste. Il avait connu Amin pour des histoires d'armes, au début de la carrière du dictateur. Se rappelant qu'O'Bannon était Irlandais, Dada a pris contact avec lui, l'a fait venir à Kampala et lui a exposé la situation. Vernon a tout de suite compris qu'il y avait un coup fabuleux à réussir. Il a promis son appui et, de retour aux U.S.A., a mis ses amis de la Mafia au courant de la chose.

— Car il appartient à la Maf ?

— Il en était l'un des membres les plus influents.

— Pourquoi « était ».

L'infirmière hoche imperceptiblement la tête :

— Les choses se sont détériorées depuis quelque temps.

— A cause d'Amin ?

— Oui. Les mafiosi ont repoussé la proposition d'Amin Dada avec autant de vigueur que le gouvernement irlandais. Ils trouvaient cette aventure trop risquée et trop aléatoire, le monde occidental ayant pratiquement mis Dada au ban de la civilisation, et l'exploitation de gisements nécessitant un formidable potentiel industriel.

— Alors Vernon, qui tenait à son idée, s'est mis à agir seul ?

— Exact. C'est un type fantastique. Un joueur de poker que les difficultés excitent au lieu de le freiner. Il a déclaré à Amin que tout était O.K. et lui a proposé un plan d'action assez astucieux qui consistait à distribuer des crédits à toutes les formations secrètes qui ensanglantent ce pays afin que les troubles tournent carrément à la guerre civile. Il avait prévu qu'Amin Dada foulerait le sol irlandais au moment du jubilé. Cela créerait, lui avait-il assuré, un choc psychologique. Une troupe équipée par ses soins devait occuper le parlement, la maison de la télévision, l'aéroport et quelques autres points stratégiques.

Elle se tait, puis balbutie, désignant le saurien dodelinant :

— Il a bougé, non ?

— Non. Il en a pour des heures... Vous permettez ?

J'avance mes mains liées vers sa poitrine où brille, dans la dure lumière des spots, un étrange bijou fait d'une dent de lion sertie d'or.

Dieu merci, il s'agit d'une incisive. Et il me revient tu sais quoi ? Une chose importante que j'ai lue un jour dans un livre de Raymond Aron de l'Académie Française, sur le jardinage, dans lequel il expliquait comme quoi seule la dent de lion peut trancher la fibre de couillardier. Pas banal, hein ?

— Pouvez-vous tenir fermement votre pendentif face à moi, ma chérie ?

— Comme ceci ?

— Parfait. Continuons de causer pendant que je lime.

Et la voici qui me papote aimablement toute l'historiette aussi abra qu'adabrante. Donc, le Vernon (qui doit se la faire, j'en mettrais ma burne droite — la plus belle — au feu) décide de faire cavalier seul. Il soutire un maxi d'osier à Amin, mais alors du pognozoff épais, espère ! Pour faire joli, il en cloque un brin à l'IRA, un autre brin à l'Irapa que dirige un pote à lui, le Dr Mârtine. Mais des févettes comparé à ce qu'il engourdit. Son objectif, tu veux que je te le fasse part ?

Amener Amin Dada en Irlande, clandestinement, s'assurer de sa personne, lui faire signer un paquet de titres de propriété des terrains uraniés, pétrolés, nutsés, kimorangés, diamantés, lesquels titres sont dûment notariés, tout bien. Et puis carboniser le père Dada. Du coup, de riche, Vernon O'Bannon devient puissant, tu piges ? L'un des gus les plus importants of the world (comme on dit au C.E.S. de Bernay). Ça devait être son Austerlitz. Hélas, c'est son Water-polo ! Mais basta ! Ce qui flanque tout par terre, c'est la réaction de la Maf quand elle apprend, cette coquine, que le gars O'Bannon joue sa partie en solitaire. Du coup, c'est l'ordre d'équarissage et Vernon n'a que le temps de disparaître, aidé par ses plus féaux lieutenants, dont ma camarade de crocodiles, son mari…

Du temps qu'elle explique, poussée par un intense besoin d'épanchement, je continue de m'escrimer les liens sur la dent de lion. Le deuxième croco tortore un bras, à présent. Il bouffe à la façon de Béru, en force, sans prendre le temps de mâcher ses aliments.

Son pote dort, quant à lui, à la manière de Pinuche, c'est-à-dire menu, avec juste le petit sifflement de sa respiration par les trous de nez.

Et la gonzesse me tient brandi son bijou à la noix (je déteste les trophées) de ses mains liées, exsangues et qui tremblotent. Son front tuméfié par le cachet de fer rougi ne parvient pas à neutraliser sa beauté d'aventurière farouche, de fière pasionaria fascinée par les hauts faits d'un truand irlandais.

Elle lui a consacré sa vie et elle va sans doute mourir à cause de lui, mais sans regrets. L'impact de Vernon sur ses contemporains est si fort que le mari n'y a pas résisté non plus. Au reste, beaucoup de cocus admirent l'amant de leur épouse et se complaisent dans son ombre.

La suite, c'est presque moi, selon ma vaniteuse habitude, qui la lui récite. Vernon a décidé de venir en Irlande pour exécuter son plan. Mais il doit y vivre dans une planque sûre s'il veut échapper à la Mafia. Alors il se souvient du père O'Goghnaud. Le vieillard est retiré dans un monastère, mourant. Vernon fait enquêter sur sa famille. L'ecclésiastique a un neveu dans leur pays natoche. Il n'hésite pas à administrer à l'un de ses enfants une toxine vacharde pour le rendre très malade. Comme il possède son contre-poison, il lui est aisé de sauver l'enfant et d'avoir dès lors barre sur le gars Aïlikitt qui tient à sa progéniture et se déclare prêt à tout ce qu'on voudra. On l'envoie récupérer le vieux moribond qu'on transforme en mort authentique. On planque le cadavre. O'Bannon prend sa place, grimé. Ainsi est-il paré. On peut fouiller l'Irlande, nulle part, on ne trouvera un habitant supplémentaire. Le mari de l'infirmière, promu docteur, fait la liaison. Le coup contre Amin continue de s'échafauder.

La date du jubilé arrive. Mais...

Mais la Mafia, qui veut coûte que coûte « récupérer » le transfuge, met Thomson en piste. Et Thomson viendra me demander assistance bel et bien, tout comme il l'avait prétendu.

Mais Cathy, la fille unique de Vernon, se met elle aussi en campagne.

Mais l'argent versé aux organisations secrètes attise la guerre entre elles, et un beau vilain jour, un commando de l'IRA vient dessouder la sainte famille Martin, pile au moment que la Cathy s'y trouve. En plein scrafage général j'interviens. La môme, miraculeusement, est donc amenée à servir de paravent au dernier tueur vivant. Sortie au pas de charge, comme précisé en son temps. Mais les gars du commando sont venus massacrer les Martin. Ils ne vont pas s'encombrer d'une gonzesse ni la buter en pleine fuite. Ils se contentent de la balancer. Par ailleurs...

Poum ! mes liens viennent de craquer. Raymond Aron avait parfaitement raison : l'incisive de lion sectionne parfaitement la fibre de couillardier. J'ôte le bijou de la charmante poitrine et me mets à trancher les liens de mes chevilles. La dernière fibre est particulièrement coriace. Aussi dois-je m'escrimer.

— Comment se fait-il que tout ait foiré, mon petit loup ?

— A cause de vous.

— De moi ?

— Votre arrivée nous a obligés à fuir et à brusquer les choses. Vernon a voulu tenter le coup de main contre Amin. Mais le gros sac à malice avait pris ses précautions et dépêché un sosie en avant-garde :

l'homme qui lui servait à jeter de la poudre aux yeux des observateurs étrangers. Grâce au second Dada, on l'annonçait dans deux lieux différents à la fois et les journalistes y perdaient leur latin. Nos batteries dévoilées, le tyran ougandais nous a fait emprisonner et marquer au fer rouge, comme du bétail, car il a la haine du Blanc et ne perd jamais une occasion de l'humilier avant de le détruire plus ou moins ouvertement. Et tout cela par votre faute ! Si vous n'étiez pas venu fouinasser à Oughterard, chez les Aïlikitt, nous aurions pu prendre notre temps et ne serions pas tombés dans un piège. Mais à cause de vous il a fallu faire face à des tas de situations imprévues, comme par exemple la présence de Thomson qui vous filait et qu'on s'est fait un plaisir d'égorger dans votre voiture. Ou comme à Dublin, dès votre arrivée, quand un policier s'est intéressé à vous et que l'un des nôtres qui vous surveillait l'a abattu plus pour se débarrasser de vous en vous compromettant que pour liquider un flic, bien que cela fasse partie du plan « désordres » promis à Dada.

— Et vos compagnons, ces « autres » dont vous parlez, où sont-ils ?

— Au diable ! riposte-t-elle méchamment. Imaginez-vous que Vernon allait garder le contact avec eux longtemps, pour risquer d'être démasqué ? Il avait bien assez affaire avec vous ! Vous n'êtes qu'un...

Sa phrase s'achève par un hurlement démentiel. Oui, je pèse mes mots : démentiel ! Et tu ne me feras pas rectifier, bougre d'ahuri, inculte, moudu, tocard, foireux !

Elle hurle démentiellement because le croco somnoleur s'est réveillé. Et qu'il s'est jeté sur elle pour lui harponner une guibole. Il l'entraîne dans le bac sanglant pour la briffer. Je me précipite, chope la main désespérée qu'elle me tend.

Craaaac ! Trop tard !

La guibole sectionnée ! Sec ! Au-dessus du genou. Elle s'est évanouie sous l'effet de la douleur. Et le deuxième odile (on dit toujours croco, faut changer, d'ailleurs c'est une femelle) qui raffole de la cervelle lui glaoupe le citron. Ploc ! Adieu Marjolaine ! Fin de section.

C'est le cas d'y dire.

Mon ultime lien a lâché.

Tandis que croco et odile font bombance, le gars Moi-même dégonde la lourde d'un formide coup d'épaule.

Je me précipite chez Térieur (il se prénomme Alex).

Je suis nu de plus en plus. La réaction m'amène à claquer des dents, moi qui n'ai peur de rien. Nu, avec juste une dent de lion en guise de talisman, c'est pas béniche pour se sortir d'un tel merdier.

D'autant que j'entends cavalcader tout azimut dans la strasse. Ça effervesce en plein, comme si on levait le siège. Pour en savoir plus, je me fourre dans le réduit aux balais situé entre les chiottes et la cuisine.

On crie de partout. On lance des ordres. Des injonctions de coordination. Des interjections de suprématie. Des injections de permenganache ! Venant du sous-sol, une rafale de mitraillette. Rrrrrrraaannnnn ! Une seconde : rrrraaaannnn !

La petite Cathy serait orpheline que ça ne m'étonnerait qu'à quart (tu vois : pas même à moitié).

Dehors, une bagnole ronfle, décarre en trombe. Piétinements, cric, cris. Cricri ! Grigris ! Cours-moi après que je t'attrape ! C'est Annibal levant le siège de devant la Société Protectrice des Annibaux et filant au volant de son Amilcar faire une partie de dames avec six pions (l'Africain).

Une deuxième voiture dégage itou. Et puis une troisième qui doit se trouver devant la maison.

Le silence revient très rapidement.

Et très relativement.

Car la radio continue de tohubohuter. Et sais-tu ce qu'elle raconte, la radio ? Un truc qui explique la fuite éperdue de ces messieurs et dames.

Je laisse la voix (au chapitre) du speaker.

« *Il est confirmé que le président Amin Dada dont on était sans nouvelles se trouve en Irlande. Il se livre à un coup de main dans le comté de Galway, très exactement dans la localité d'Oughterard. D'énormes forces de police sont en route pour cerner la localité. Nous vous informerons dans les minutes qui viennent de l'évolution de la situation.* »

CHAPITRE XXX

L'évolution de la situation

Que vous dire encore, mon cher président ?

Que je sortis de mon placard et visitai la maison ?

Que j'y trouvis le cadavre du recherché O'Bannon criblé de vilaines balles tirées à la va-comme-je-te-tue par un meurtrier pressé. Ainsi que le cadavre de son compagnon. Qu'après quelques recherches, je dénichas mes hardes et les réintégris.

Qu'ainsi revêtu et décent, j'allis faire un signe de croix dans le local aux crocodiles où ce couple de sauriens était en train de manger son pain blanc le dernier.

Puis courus à la route où le boucher du coin accepta volontiers de me prendre à bord de sa fourgonnette de marque malgré tout britannique.

Et qu'il m'expliqua, ce digne enfariné, que la gracieuse localité d'Oughterard vivait un drame historique, vu que le maréchal Amin Dada, enfermé dans la maisonnette de la chaisière du pays, était en train de torturer icelle de première ; poussant la cruauté jusqu'à lui laisser le buste à demi défenestré afin qu'elle pût clamer ce qui lui arrivait.

Quelques obscurs kilomètres déguisés en miles nous séparaient seulement du lieu de la tragédie.

Nous les franchîmes.

Et nous arrivâmes au carrefour marqué par la vitrine d'un marchand d'articles de pêche dont l'achalandage me laissa à rêver. Non loin, une maison basse. Au premier étage, effectivement, rameutant la foule massée en demi-cercle, une corpulente dame dont le buste donnait sur la rue et qui se trouvait séparée de l'intérieur par la fenêtre à guillotine baissée sur sa taille, clamait qu'elle souffrait mille morts. Et que le maréchal Amin Dada la torturait avec véhémence. Des gens munis de jumelles confirmaient la chose, assurant qu'ils voyaient et reconnaissaient parfaitement le célèbre chef d'État dont la radio avait laissé entendre qu'il se trouvait en Irlande.

Je prias l'un des assistants à jumelles de bien vouloir me confier son instrument d'optique, et il accepta malgré que je fusse mal vêtu avec l'accent français.

Naturellement, je reconnus Bérurier, au-delà de la vitre. Il grimaçait et criait des choses furieuses que l'on n'entendait pas.

Alors, courageusement, et malgré les supplications de la foule et les injonctions de permanganate (cette fois) de la police qui attendait des renforts, je m'élançai dans la maison de la dame.

*
* *

Nouvelle porte défoncée d'un coup d'épaule.

Mais elle livre accès à une merveilleuse vision.

Bérurier plaqué à la dame, dans une posture qui ne permet aucun doute. Le pantalon tombé. Ce deuxième faux Amin exhibe un derrière blanc, poilu, copieusement fendu, agrémenté de cicatrices.

Il se détourne, m'avise.

— De Dieu, tu tombes à pic ! C'est l' coup d'

Bruxelles qui r'commence. T' t' rappelles, av'c ma Japonaise (1). C'est ben l' comb, à c't' heure. V'là que chaque fois que j'empétarde une frangine un peu mignarde de l'oigne, ça m' fait comme aux clébards : j' peux plus me la séparer. Et alors là, alors là. le bouquet, mec ! Figure-toi que j' lu fais connaissance c' matin. J'attendais l'ouverture du pube. Ell' m'aborde : « Mon Dieu, qu'elle fait, y m'a semblé, en anglais, vous n'êtes pas le maréchal Amin Dada ? » Du moment qu' ç'aurait l'air de lu êt' agriable je lu rétroque qu' si. Bon. j'la chambre. Ell' m'amène dans sa tome. J'lu passe quéqu' z'agaceries mutines : deux doigts dans le minouche, une langue su' les loloches, tout ça bien, recta, rectum, verso, tout.

Et c't' bonne dame, voilliant que j' vas concrétiser, elle m'esplique en p'tit nègre qu'elle a envie que je la chibre par derrière. Moi, qu'est-ce j'en avais à fout' ? J' dis banco, n'étant pas racial ni sectaire. Alors, mistresse se trousse, s'accoude à sa fenêtre et j' l'embroque. C'te posture m'arrangeait d'autant mieux qu'en me déguisant en bougne, j' m'étais pas passé à la cire les parties géniales et qu'un zob blanc monté su' un Noir, même qu'é croive qu'il est Amin Dada, ça l'eusse surprise, non ? Très bien. Je t' lu fais un calçage tout t'azimut, quand voilage-t-il pas que c'te foutue f'nêt' de merde lu dégringole su' les endosses, à mémère. Oh, ma douleur. Ell' s' met à beugler. Moi, j' veux la relever, mais elle était coinçaga. Pour lors, compr'nant que c'te postance peut pas éterniser, j' m' dis : Alexandre-Benoît, faut qu' tu sortes de madame pou' lu porter aide et assistance. Tu veux que j' te dise ? Im-pos-sible ! L' coup d' Bruxelles, mon pote ! Quand j'ai été obligé

(1) Lire ou relire sans faute *Une Banane dans l'Oreille.*

d'aller au docteur av'c la Japonaise en f'sant semblant qu'on porte un guéridon pou' nous masquer l'enfilade.

Quand il se tait, je m'empare d'une chaise et m'y laisse choir. Cette fois, c'en est trop. Je rigole à en crever. A ce point, c'est torturant comme une crise de coliques néphrétiques.

— Et ça l' fait marrer, c' boug' de sagoin! s'enrogne Béru; j' vous jure qu'y rigole, le nœud!

Je me laisse pouffer jusqu'à plus souffle. Dire que c'est le Gros qui m'a sauvé la mise avec ses exploits tringleurs en passant pour Amin Dada! Et les sbires du vrai ont cru qu'ils allaient être cernés! Ah, la farce! Ah, l'énormité! Ah, la vie!

— Bouge pas, j' vais chercher un docteur, gars.

Bouger, ça, il ne risque pas.

CHAPITRE XXXI

Alors voilà, ça finit comme ça...

Le reste de la journée, je le passe avec la rousse, à Oughterard pour commencer, à Galway ensuite.

Déclarations, rapports, coups de fil au Vieux, témoignages...

Des heures à jacter, à justifier, expliquer...

Le Gros vient me rejoindre, ayant été déculé par le docteur O'Guylaneuf.

Lui aussi confirme, affirme, explique. On lui a adjoint une traductrice, solide petite binoclarde qui ressemble à un tas de pommes et qu'il pelote déjà de la prunelle, cet incorrigible.

A force de, on finit par se retrouver dehors, vu notre innocence, le service rendu au pays, notre qualité de collègues et le reste. Simplement, va falloir demeurer encore quelque temps en Irlande pour les besoins de l'enquête. Normal.

Dans la soirée, on frappe à la lourde du vieux Greeve.

Il est cointché à bloc, le barqueur. Mais il peut toujours jacter. Un Irlandais ivre, c'est un pléonasme. Un Irlandais ivre mort, ça n'existe pas.

— Salut, les gars, tout est O.K. pour vous autres ?

— Parfait. On vient chercher la petite.

— Cathy ? il demande, prouvant que même beurré il garde sa mémoire intacte.

— Oui.

— Mais elle est partie depuis belle lurette, les gars. Un type noir, au volant d'une sacrée putain de bagnole bourrée de chromes, est venu la chercher.

Le ciel me choit sur la coloquinte.

— Elle n'a rien dit ?

— Si, elle a laissé un message pour vous, un truc que j'ai pas très bien saisi, comme quoi elle n'était pas la fille de qui vous savez et de vous le dire. Et de vous dire aussi que vous étiez bien trop sentimental pour faire un vrai flic, malgré toutes vos qualités. Vous entrez boire un verre, les gars ?

— Non, merci, bredouillé-je.

— Pourquoi l' désobliger ? objecte le Gravos. On pourrait en vider un ou quatre, merde !

— J'ai dit non ! m'emporté-je. J'ai besoin de réfléchir. Viens !

Je lui flanque un coup de genou dans les meules en grommelant :

— Hue, Dada !

FIN

Achevé d'imprimer le 20 octobre 1977
sur les presses de l'Imprimerie Bussière
à Saint-Amand (Cher)

— N° d'impression : 1167. —
Dépôt légal : 4e trimestre 1977.

Imprimé en France

PUBLICATION MENSUELLE